狮子林

张橙华 著

古吴轩出版社

【目 录】

- ◆概述 · · · · · · · · · · · · · · · · · · · 1
- ◆门厅　正厅 · · · · · · · · · · · 7
- ◆燕誉堂 · · · · · · · · · · · · · · · · · 17
- ◆小方厅 · · · · · · · · · · · · · · · · · 23
- ◆九狮峰　指柏轩 · · · · · · · 27
- ◆大假山 · · · · · · · · · · · · · · · · · 33
- ◆古五松园　花篮厅 · · · · · 37
- ◆听雨楼藏帖 · · · · · · · · · · · · 43
- ◆真趣厅　石舫 · · · · · · · · · 55
- ◆暗香疏影楼　湖心亭 · · · · · 61

- ◆飞瀑亭　问梅阁 · · · · · · · · 67
- ◆双香仙馆　扇亭 · · · · · · · · 75
- ◆石拱桥　湖心岛 · · · · · · · · 79
- ◆文天祥诗碑亭 · · · · · · · · · 83
- ◆乾隆诗碑亭 · · · · · · · · · · 87
- ◆复廊　修竹阁 · · · · · · · · · 91
- ◆卧云室　立雪堂 · · · · · · · · 95
- ◆城市山林狮子林 · · · · · · · 103
- ◆附录 · · · · · · · · · · · · · 131

概 述

狮子林面积约十四亩,园内湖面深远,庭院奥幽,石峰玲珑,山道往复,昔人赞曰:"名园奥旷兼,妙具诸峰岭。"狮子林以太湖石假山闻名全国,向有"奇石甲天下,叠置尤巧心;直以数弓地,幻作丘壑深"之誉。清代学者俞樾在这里感到"五复五反看不足,九上九下游未全"。当代园林专家童寯评述狮子林假山"盘环曲折,登降不遑,丘壑蜿转,迷似回文",迄今为大规模假山之仅存者。

元至正元年(公元1341年),惟则禅师来到苏州。第二年弟子们为他买地置屋建禅林。惟则因师傅明本得道于浙江

惟则像

天目山狮子正宗禅寺,为表明传授之源就命名为师子林菩提正宗寺,简称师子林(狮与师通用)。园内万竹阴阴,竹下多怪石,有奇峰形如舞狮,称为师子峰,另有含晖、吐月、立玉、昂霄等石峰,建筑有禅窝(方丈室)、卧云室(禅房)、立雪堂(法堂),又在宋代遗留的梅树与柏树旁分别建了问梅阁(客舍)与指柏轩(僧堂),还有玉鉴池与小飞虹,共十二景。许多

徐贲《狮子林十二景册》之一

"真趣"匾

诗人画家来此参禅,所题禅诗录入《师子林纪胜集》。著名的画有三种,朱德润《狮子林图》,早已失传;倪瓒画狮子林横幅全景;徐贲画十二幅景点图,装成册页。倪瓒与徐贲的画在清代由皇家收藏,近世有延光室影印本,惜目前不知真迹下落。

洪武年后,禅林荒废,居民杂住,也曾被豪家占有。万历十七年(公元1384年),明性和尚持钵化缘要恢复狮子林,为此他请到了皇太后颁发的藏经。长洲知县江盈科发放钱粮,遣散住户,重建旧景,并在其南创建山门、大殿和藏经阁。寺名为狮子林圣恩寺,简称狮林寺。原来奇峰立林的地方,便作为花园。

十八世纪初,花园归张士俊。康熙四十二年(公元1703年),玄烨南巡时驾临狮子林,题"狮林寺"匾,又为花园题联"苔涧春泉满,萝轩夜月闲"。潘耒、朱彝尊等与张士俊合作《师子林联句》,赞叹假山"有峰有岫,有碉有湫;降观深窟,忽焉崇丘"。

乾隆像

乾隆年间,花园归黄兴祖,改名"涉园"。弘历自第二次南巡起,每次南下必游此园。他五游狮子林,共题写十首诗与三块匾,其中"真趣"匾至今悬挂园中,《游狮子林》诗碑现在御碑亭中。乾隆三十六年(公元1771年),弘历令苏州织造把狮子林的建筑、山池做成烫样(模型)送京,于长春园、避暑山庄内仿建。

咸丰年间,狮子林年久失修,至清末仅剩荒草断垣,御诗碑也躺在地上,唯有假山依旧。民国元年(公元1911年),上海民政总长李钟珏买下荒园,欲修而未成,又转让给富商贝仁元。

贝氏买下此园后,浚水池,植花木,重建厅堂,并冠以元代狮子林建筑旧名,增建燕誉堂、九狮峰、瀑布等景点,在长廊壁间嵌置《听雨楼藏帖》。贝氏还在园东建贝氏祠堂与义庄,园北建族校。狮子林一时冠盖苏城。

新中国成立后,贝氏后裔把狮子林捐献给人民政府,经苏州市园林管理处整修后,于1954年对外开放,1982年被定为省级文物保护单位,2000年成为世界遗产,2006年被列入全国重点文物保护单位。古老名园以新的风姿迎迓八方来客。

门厅 正厅

狮子林大门坐西朝东，门洞上有吕凤子所题隶书"狮子林"砖额。门洞两旁有狮子林全景图与简要介绍。

进门洞，庭院南有照壁，壁前四棵银杏参天。庭院中植盘槐两棵，盘槐枝条下垂，树冠如伞。

与东门相对的还有西门，两门上方各有砖额，分别题有"左通"、"右达"。"右达"之西有通道，为民

照壁

国时入园处,今改为出口处。石库门上方砖额"狮子林"三字由康有为的先生吴郁生所题。吴郁生(公元1854—1940年),苏州人,祖父吴廷琛与堂叔吴钟骏都是状元,父亲吴思树在鸦片战争时任香山县知事,为林则徐麾下骁将,曾在港道中设梅花桩,指挥焚烧敌船。吴郁生为光绪三年(公元1877年)进士,历任内阁学士、礼部尚书,主考广东乡试时发现并录取了康有为。戊戌变法失败后,他也被牵连革职;慈禧太后死后才复官,改任邮传部大臣。辛亥革命后,他回到故乡。吴郁生善诗文,工书法,其字朴茂刚健,浑厚老当,颇有古风。

抱鼓石

狮子林现进口处原为贝氏祠堂大门,门厅面阔十二米。黑漆大门,门槛高达九十四厘米,两旁有抱鼓石,浮雕狮子戏绣球和刘海钓金蟾。上方正中悬挂红底金字的乾隆御书"狮子林"匾。

进门厅后西墙嵌有苏州市人民政府1989年的《重修狮子林记》与"江苏省重点文物保护单位"两块石碑。庭院两边走廊前木栏杆有凤穿牡丹及"寿"字图案,上有带花瓶插花与贝叶图案的挂落,贝叶为书写佛经所用,"贝"字也即园主的姓氏。

门厅内东西两廊入口处上方,各有砖额"景范"与"仰韩",表明园主对宋代名臣范仲淹与韩琦的景

贝氏祠堂大门

仰。范仲淹（公元989—1052年），原籍苏州，生于徐州，两岁时丧父，母亲带他改嫁朱姓。自幼用功苦读，有"断齑划粥"故事。大中祥符八年（公元1015年）考中进士。曾在苏北修建由阜宁经盐城至海门的海堤，后称"范公堤"，现为通榆公路的一部分；还在太湖地区浚江河、修水利，政绩卓著。他在苏州创立范氏义庄，赡养贫苦族人。范仲淹曾在城南买地欲建宅，风水先生说此乃宝地，今后家中定有公卿出世；范却说独占宝地不如让出来建学校，遂于此创办我国第一座府学，校址现为全国名校江苏省苏州高级中学。

韩琦（公元1008—1075年），河南安阳人，弱冠即考中进士，为官刚正不阿。宝元三年（公元1040年）出任陕西安抚使，与范仲淹并肩抵抗西夏，时人遂以"韩范"并称。他支持范仲淹庆历新政，范被罢官时他也自请外放。后又升任宰相，执政三朝。韩琦在幼年欲学书法，却因家贫无钱买纸，常在大石上练习写字。升任高职后仍能折节下士、奖掖人才。他还多次赈灾，受益百姓有数百万之多。

民国时狮子林主人贝仁元（公元1870—1945年），字润生，年幼时因家境贫寒，常受族伯贝康侯（贝聿铭之曾祖父）的接济，十六岁赴上海当学徒，经商致富后捐得道台头衔。辛亥革命时为上海总商会协理，捐款给陈英士十万银元助革命军粮饷，曾任全国商会联合会副会长。第一次世界大战爆发后，德商撤离上海，贝仁元因所营染料价格飞涨成为巨富，号称"颜料大王"。他在苏州建承训义庄，贴补贫寒族人，并举办族校。贝仁元还在上海资助黄炎培，建立中华职业学校，在苏州响应贝理泰（贝聿铭祖父）的倡议，独力捐资创设苏州第一所中国人开办的幼稚园。他也因助学有功获得北洋政府奖章及总统题匾"敬教劝学"。另外，他还出资修建了北寺塔至平门的马路与跨越城河的梅村桥。他以这些行动表示了自己对范仲淹、韩琦的敬仰。现狮子林外墙东北角的墙脚上尚有承训义庄界碑，"承训"意谓承母亲之训诲而兴办义庄。

穿越石板天井或经边廊可达正厅。厅前木栏杆上刻有凤穿牡丹图案，正面是十六扇海棠花窗格的落地长窗，裙板上有花卉与蝙蝠捧寿图案。廊左右各有砖额，分别为"敦宗"、"睦族"，敦睦为亲密和睦之意。此厅原为贝氏宗祠。大厅廊柱上挂章草抱对一副，曰：

似黄道流星散落百座，

忆云林作稿点活五龙。

款署"王遽常时年八十有六"。此联把狮子林内遍园皆是的太湖石比作黄道流星雨散向夜空，又令人回想倪云林《狮子林图》上的假山活似五条巨龙在腾飞。王遽常（公元1900—1989年），浙江嘉兴人，早年受业于梁启超，后从无锡国学专修馆毕业，历任上海暨南、交通、复旦等大学教授。所书章草骨势峻迈,纵横自然,反常合道,独具风貌,有《章草十八帖》。章草是草写的隶书,各字独立而不连写,是早期草书,质朴凝重。

进入大厅可见萧劳八十岁时撰写的楹联,曰:

　　枕水小桥通鹤市,森峰旧苑认狮林。

萧劳,1894年生于河南浚县,原籍广东梅县,五四运动时曾参加火烧赵家楼。其书法刚柔相济,在婉媚中寓金石之意。联指由狮子林前的狮林寺巷向西,越过小桥可通向鹤舞桥,点明狮子林处在人家尽枕河的姑苏城(鹤市为苏州别称之一);从古老园林、石林般的太湖石峰,可认清这就是狮子林,众多

贝氏祠堂正厅

石峰正是它的特征。

大厅正中张挂巨幅国画《苍松图》，翠松虬枝、气势磅礴，由张继馨所作。细看，松有五棵，隐含狮子林曾名五松园之意。国画之上"云林逸韵"四字为顾廷龙楷书。顾廷龙，1904年生于苏州，版本目录学家，长期担任上海图书馆馆长，主编多种大型文献目录，如《中国丛书综录》、《中国古籍善本书目》等，1994年起又以九十高龄领衔主编《续修四库全书》。顾廷龙篆隶正草皆精，尤长榜书。"云林逸韵"四字结构匀正、雍容典雅，正体现出他清刚雅正的人品。此匾主题是称赞倪瓒所画《狮子林图》有虚静清逸的韵味。倪瓒（公元1301—1374年），字元镇，号云林，无锡人，与黄公望、王蒙、吴镇合称"元四家"。从倪云林画中可以看出，元末明初时，狮子林的大门开在东南角，自东向西依次是玉鉴池及池北的指柏轩、卧云室、问梅阁及阁前的古梅树等，问梅阁后是假山及禅房。倪云林还在图右题曰："余与赵君善长以意商榷，作《师子林图》，真得荆关遗意，非王蒙所梦见也，如海因公宜宝之，癸丑十二月懒瓒记。"另外还题句曰："过师林兰若，如海上人索画，因写此图并为之诗。"倪图历来评价较高，如吴修称"画到狮林绝代无，自应名迹冠倪迂"。在清代倪画入藏乾清宫、养心殿，从印本上可见有乾隆、嘉庆的御览之印，图中空白处几乎被乾隆帝写满了御诗与跋言。

云林逸韵

大厅正中有天然几，几上有石供一座，大理石插屏与古花瓶各一。两侧花几上置花盆，前为供桌与太师椅；桌前又有茶几四只、太师椅六把分列左右，正中是大型圆桌与四只石鼓凳，东西墙下各有方桌与太师椅一对。这套红木家具系园主依正厅格局定做，雍容华贵。圆桌前一对来自留园的铜狮，显得精致可爱。两边墙上各有大理石挂屏两块，大理石上似雾似云的花纹，经品题后更引人入胜。

　　贝氏家祠大厅后还有二厅与后厅，再后为园主住宅，宅门北向开在潘儒巷。二厅、后厅与住宅现为苏州民俗博物馆，这是全国首家城市民俗博物馆。

燕譽堂

出大厅西行,墙上有砖额"春华"。从这里起,既可以经走廊进燕誉堂,也可以穿圆洞门到燕誉堂前庭院。圆洞门上方前后各有砖额"入胜"、"通幽",提示游人花园就在前方。

堂南廊左右门上方有砖额"读画"、"听香",即指庭院内粉壁前的花坛石笋、太湖石峰似天然图画,院内两株玉兰开放时,阵香袭人,仿佛可听。园

燕誉堂庭院

内四季花香芬芳,这两株玉兰一白一紫,白玉兰莹洁清丽,紫玉兰则"紫粉笔尖含火焰";花坛上植有牡丹,晚春来此即见国色天香。"听香"两字,所谓"通感"也。庭院中用石卵瓷片砌成五蝠捧寿字花地,取福寿吉祥之意。

进厅堂,正中悬"燕誉堂"匾,为毕治策书。《诗经》有"式燕且誉,好尔无射"之句。"燕",意为安闲,亦通"宴";"誉",通"豫",意为欢乐。

厅中家具陈设与正厅相似,唯左右墙上各开八角形窗户,左右角置椭圆形穿衣镜与重锤式立钟,为民国初年时尚。此厅是苏州园林中较为著名的鸳鸯厅,所谓鸳鸯厅就是在一座大厅内用屏门、挂落隔成南北两部分,从内部看似两厅相连,但布置相异。北厅的梁柱用圆木,不作装饰,地面方砖平铺,南厅的梁柱用方木,且在梁上雕刻花纹,铺地与墙成45度角;两厅的门窗图案、家具布置各不相同,挂的匾额也各有题名,一般外厅招待贵宾,内厅则可作密友聚谈。

燕誉堂正中屏门上是民国十四年(公元1925年)主人贝仁元自撰的《重修狮子林记》,全文如下:

> 我吴园亭,沧浪最古,师林次之。顾沧浪建于子美,固在师林百余年以前,而规复于文瑛,实在师林百余年以后,是虽谓师林古于沧浪,亦奚不可?
>
> 仁元世居茂苑,侨寓淞滨。市廛溷迹,

燕誉堂

非无鲈脍之思；林壑怡情，敢效菟裘之筑？戊午之岁，因事旋里。时固有建祠之议，胥宇度地，辄以询诸邑人，而旧家宅第，与夫荒墟故址，足以当我意而适于用者，殊不数觏。或有以师林告曰：是休宁黄氏之废园也，久而莫能售，迨至民元，始归玉峰李氏，拟修葺而未果，今待价可沽焉。仁元心识之。未几，晤李举以询，慨然允诺。夫以数百余年荒芜之区，不越十稔而一再易主，殆非事之偶然者耶？虽然园之废也，固无非荒榛蔓草，碎瓦颓垣，增后人之感喟；即其兴也，亦惟是画栋雕甍，名葩嘉卉，恣时人之游观。沧桑变幻，物理循环，了无足异。矧余以建筑祠宇，购觅基址，于园之或有或无，初不介意，又奚暇经营土木，以自取娱乐耶？

园之四傍多隙地，而东南隅为尤广，乃于其间建家祠焉。祠左有余址，复筑室若干楹，以为校舍。载阅寒暑，次第工竣。由是斯园之荒秽残废，得从事於缮葺矣。

园以山石著，故为吴中名胜之一。自有元至正以迄于今，中更两代，垂四百余祀，而诸峰如旧，丘壑依然，鲁殿灵光，若有呵护，师林之名所以不致湮没者，惟此而已。至于车驾南巡、翠华临幸，当年盛迹，回首茫然，惟真趣御额暨御碑各一，虽剥落残缺而宸翰犹存。谨即旧额而新之，悬诸厅事，仍曰真趣厅；别筑一亭，植碑其中，曰碑亭，志圣迹也。旧有指柏轩、问梅阁、卧云室、立雪堂诸胜，悉循故址，重建新楹，复旧观也。此外，若堂，若庑，若楼台馆阁，以至亭榭池沼，凡今所布置者，皆随地点缀而已，不足数也。夫因袭陈旧，本无意匠之可言。况踵事增华，未能免俗，谬为记载，能勿惭惶？

所冀庙貌常新，荐馨香於奕祠，弦歌不辍，宏教育於后人。俾区区初衷，得因兹胜地名园而贻诸久远，固所愿焉。不揣谫陋,爰为斯记,以申微旨云尔。

　　民国十四年,岁在乙丑三月上浣,吴县
贝仁元识,新安铁生朱铼书。

　　北厅悬吴进贤隶书"绿玉青瑶之馆"匾,绿玉青瑶,均为美玉,温润不污,比喻君子之品德操行。正中屏门上刻狮子林全景图,两边楹联曰:

　　具峰岚起伏之奇,晴云吐月,夕朝含晖,尘劫几经年,胜地重新狮子座;

　　于觞咏流连而外,赡族承先,树人裕后,名园今得主,高风不让谢公墩。

上联描写狮子林假山有峰峦起伏、雾气缭绕之奇,月亮行空时如从石穴中吐出,早晚霞光也似含在岩洞之中。经过尘间劫难,胜地重建,仍按佛家意义命名,"狮子座"为佛的座位。下联赞扬主人在饮酒赋诗流连林泉之外,不忘赡养寒族,继承先人,培养人才,造福后裔。名园今天得到真正的主人,高尚风雅不逊晋代的谢安。

　　东墙上有施仁画玉兰花,在红梅的衬托下显得清洁雅丽,还有瓦翁书沈石田的山茶花诗。西墙上挂崔护书《望江南·山茶花》及王企华画《红梅报春》。

　　出北厅有廊,西门洞通向卧云室,上有砖额"胜赏";东门洞连接走廊,上有砖额"幽观"。

小方厅

狮子林东部以燕誉堂为主建筑,由南向北共有四处庭院。步出燕誉堂,有樱花两棵,每逢春天,花色浓重艳丽。

北行至半亭,有桂馥撰联一副,曰:

相赏有松石间意,望之若神仙中人。

意谓仔细观赏就能感到苍松石峰间的真意,望此美景会觉得仿佛与神仙为伍。半亭中有彩色玻璃花格

小方厅

窗,窗下有巨砖一方,明嘉靖年制,俗称"金砖"。半亭西有瓶形门洞通往假山区。

半亭与小方厅相连,进小方厅,只见左右各有大型空窗,东窗外是素芯腊梅,在粉壁映衬下恰如一幅腊梅图。西窗外则是城市山林,一派生机。

以窗洞、门洞为画框,观赏外面景色可称为"框景",是中国园林艺术的巧妙手法之一。唐人杜甫"窗含西岭千秋雪,门泊东吴万里船",即以诗人的感受欣赏框内现成的景色。到明代,李渔就有意识地布置"尺幅窗"与"无心画"了。框中之景是立体的,当游人移步时景色随之转换,还会随季节与天

小方厅窗景

气而变化。北方园林因冬天寒冷,春天多风沙,本不宜开空窗,但乾隆在仿造的狮子林中就专门开空窗。其中清淑斋就"不设窗牖",以便"旷观惬倚凭",欣赏室外"前砌带溪水,后檐展石林"的天然图画;纳景堂与延景楼也同样"虚堂不设窗棂棂,使园纳景满庭"。

两窗洞左右墙上挂有国画屏,分别画四季花卉牡丹、荷花、菊花与腊梅。小方厅中挂吴昌硕好友钱经铭所撰对联一副,曰:

> 石品洞天,标题海岳;
> 钟闻古寺,境接媛嬛。

上联说在狮子林的洞天福地中品赏石峰,是宋代爱石成痴的米芾标识题记过的;下联说从这里可闻古寺钟声,与媛嬛福地相近。

出小方厅,见南门外还有一联,曰:

> 红药当阶,越鄂相辉堆绣被;
> 青峰架石,郁林遥望迓归舟。

红药指芍药花,春秋时楚王母弟鄂君子皙乘舟,操舟越女以歌声示爱慕之情,鄂君以绣被盖之成欢。明人陈子龙有"药房帝子室,绣被鄂君舟"之句。郁林归舟指三国时吴人陆绩在广西任郁林太守,为官清廉,乘海船回乡时,行李实在太少,舟轻难以越海,只得载巨石压舱,此石带回后置娄门内宅中,在明代被刻上"廉石"两字,现存苏州碑刻博物馆。此联由狮子林石船发生联想。

九狮峰　指柏轩

出小方厅,即见庭院中的九狮峰。此峰兀立于粉墙之前,粗看涡孔遍布,无甚奇特,细察似九头小狮在嬉耍。观赏此石如看空中云朵变幻,须配合想象,妙在像与不像之间。庭院内东西各有半亭,挤出空间,以突出九狮峰。

峰后白墙上有四孔漏窗,分别嵌入琴棋书画浮雕,为他处少见,峰畔有罗汉松,树姿婀娜,绿叶葱郁。

东半亭内有"宜家受福"砖额,与祠堂两厅相通。西半亭为封闭式,与开敞式东半亭不同,名为对照亭。亭中曾挂刘墉所撰对联一副,曰:

题诗雅有高人和,吹笛闲寻野鹤听。

刘墉,即电视剧中宰相刘罗锅,实为乾隆朝著名书法家。

沿东廊北行,有"息庐"砖额,门内又有幽静小院,真是小院深深深几许。小院有西走廊,通向指柏轩后廊。院东有门,通向原园主的住宅。

如从北院退出西行,在九狮峰侧向左看,蓦然发现一海棠式门洞,门洞上砖额"涉趣",预示着另有一番景色。

海棠门洞上方前后各有砖额"涉趣"、"探幽"。

九狮峰

涉趣，取陶渊明《归去来辞》"园日涉以成趣"句意，且黄氏拥有狮子林时园名为"涉园"。

过门洞见高大楼阁，楼前庭院中有广玉兰与金桂各一对。广玉兰原产美洲，又称洋玉兰，因花朵硕大洁白似莲，也称荷花玉兰。入夏，广玉兰芬芳醉人；秋季，桂花飘香四方。

元代狮子林的指柏轩前有宋代遗留桧柏，枝干如龙盘虬扎，故称"腾龙"。惜宋柏久已不存，现仅见对面假山上有后来补植的柏树。指柏轩原为禅僧讲公案、斗机锋的场所，"指柏"是"赵州指柏"的简称。

现指柏轩为贝氏重建的大型楼房，底层有围廊，翻轩有挂落。廊柱上挂篆书对联一副，曰：

　　丘壑现奇观，古往今来，世居娄水，历
　　数吴宫花草，顾辟疆，刘寒碧，徐拙政，宋
　　网师，屈指细评量，大好楼台夸茂苑；

　　溪堂识真趣，地灵人杰，家孚殳山，缅
　　怀元代林园，前鹤市，后鸿城，近鸡陂，远
　　虎丘，迎眸纵登眺，自然风月胜沧浪。

联为吴县费德保撰，鲍宇洪书，现为柳北野重篆。

轩内步柱上有隶书对联，姚宝燕撰，钱经铭书于民国二十四年（公元1935年），联曰：

　　看十二处奇峰依旧，遍寻云虹雪月溪
　　山，最爱轩前千岁柏；

　　喜七百年名迹重新，好展朱赵倪徐图

画,并赓元季八家诗。

轩内屏门正中上方悬挂王同愈所书"揖峰指柏"匾,笔力雄浑。王同愈(公元1855—1941年),光绪十五年(公元1889年)进士,官至湖南学政,热心办新学,回苏州后任江苏学务处总理,创办公立第一高小、第一中学堂与省铁路学堂。其兄为王同懋,即顾廷龙外祖父。王同愈善书,四体兼工。"指柏",即禅宗公案"赵州指柏";"揖峰",因轩对面假山上有太湖石巨峰,取宋代米芾见石峰打躬作揖之典。

匾下是苏州书画家于1988年春节合作的巨幅《寿柏图》,张辛稼画红梅,吴㲪木写古柏,徐绍青绘

指柏轩

湖石,费新我题词。

指柏轩内家具陈设与祠堂相仿,正中天然几、花几、供桌、太师椅,两旁各有茶几太师椅。正中置铜鼓,古色古香,俗称"诸葛鼓",鼓面中央有十二角星,内外圈饰有等距离圆点,是古代的打击乐器。

屏门后有梯可上楼,楼上陈列各种古代铜器的拓片,古色古香。指柏轩的二楼又称听雨楼,因园主于此收藏《听雨楼帖》石刻拓片而名。正中挂周谷城题匾"一峰独秀",语出朱熹《游百丈山记》"前揖庐山,一峰独秀"。在此凭窗眺望,可见对面奇峰林立,卧云室的飞檐隐现于大假山之上。

指柏轩西有竹林一片,清幽雅静。轩后廊间有"怡颜悦话"与"留步养机"砖额。

指柏轩前有小楼,名见山楼,楼名取自陶渊明"采菊东篱下,悠然见南山"。不过这楼贴紧假山,二楼有门,直接通假山的山道,可谓依山建楼。见山楼的面积仅为指柏轩的十分之一,既衬出指柏轩高大,又不与假山争高低。

从见山楼回到指柏轩前庭院,可以从轩前小桥进入大假山,也可向五松园而去。

大假山

过指柏轩南小桥，是太湖石堆叠的大假山，为我国古典园林中现存最著名的假山群。假山上有许多太湖石峰与石笋，石缝间生长着松柏。山体由太湖石架空叠成，磴道上下于岭、峰、谷、岈之间，时而穿洞，时而越桥，高高下下，左绕右拐，如入迷魂阵中。

假山群中留一片盆地，中间是卧云室。在这片假山中有四条路线，第一条从小桥东洞口到卧云室北洞口；第二条从小桥西洞口到修竹阁洞口；第三条从卧云室北洞口经小桥东池岸到棋盘洞口；第四条是从卧云室西北洞口至棋盘洞，回到卧云室北洞口。这些山道错综复杂，互相缠绕，别说是初次来游的会转不出去，就是来过三次、五次也还难以辨清道路。因此民间传说乾隆皇帝在这里转了两个时辰也出不来，还有人说就是神仙在此也得迷路。

传说吕纯阳和铁拐李来狮子林玩，在假山里七转八弯迷路走不出去了。铁拐李一跷一拐，坐在石头上直喘气，连连喊吕纯阳来驮他出去。吕纯阳说："我们下棋看输赢，谁输了就要驮赢的出去。"说罢就用宝剑在石台上划了棋盘。铁拐李边下棋，边想怎么穿假山，结果输了，只好向吕纯阳求饶，吕纯阳

大假山上石峰

这才驮着铁拐李驾云飞了出去。这个山洞从此就被称为棋盘洞。以后铁拐李每次经过苏州上空,也都还要按下云头,到这里看看假山。至今,燕誉堂东的山墙上还留有铁拐李的塑像。

于此大假山,清人朱炳清曰:"对面石势阻,回头路忽通。如穿九曲珠,旋绕势嵌空,如逢八阵图,变化形无穷。故路忘出入,新术迷西东。同游偶分散,音闻人不逢。"又,华宜曰:"一望宛然无数狻猊,或立或卧,或仰或俯伏,不辨是石还是狮。但见钩爪锯牙罗列而惊目,此之狮欲舞,彼之狮欲斗。小狮大狮抱,上狮下狮负。几狮肥,几狮瘦,雨来风起忽讶群狮吼。……我来狮林今已再,玲珑熟识群狮态,穿狮腹,跨狮背,直立而上狮子头……"

假山顶的巨型太湖石峰更为珍贵,元代狮子林中有狮子峰,状如舞狮,峰上刻有题记。狮子峰周围有含晖、吐丹,含晖在东,如巨人站立,左腋下有穴,腹部又有四穴,在峰后可见空穴含峰光;吐月在西,颇峭且锐,稍夕,月即见其上。

古五松园　花篮厅

指柏轩西竹林边有门向西,经曲廊入古五松园。清康熙时狮子林内有五棵参天古松,习称狮子林为五松园。《吴县志》记载:"苏郡名园甚多,总不及任蒋桥东偏之五松园为最,即俗称狮子林者也。园有松五株,皆生石上,故以为名。"从《南巡盛典图》中也确可看出有巨松五棵,三棵在中部假山间,两棵在东部。我国各地皆有五松景致,最著名的是泰山五

古五松园

松，相传秦始皇封禅泰山时在松下避雨，而封为大夫松，另如北京也有"五棵松"。上世纪初，狮子林内古松无存。贝氏从湖南购得百岁白皮松五棵，其中四棵植假山之上，一棵在立雪堂庭院，并在这座花厅挂匾"古五松园"，以作纪念。

"古五松园"匾，由苏局仙题于1982年，是年一百零一岁。用墨浓枯相济，苍老中有秀润，质朴中见雅俊。

北墙上挂有徐绍青画松树，并题"英姿飒爽，乘龙起舞"，另有程质清书惟则《师子林即景》中两首七绝。南墙上有王西野画的《双松耸翠》，还有瓦翁书惟则《师子林即景》中另外两首七绝。

两幅国画扣住了五松园中的古松，而惟则的诗则反映了禅僧的生活与心态。

此处原有屏门，挂有李鱓所绘的五松图，画有三棵直耸与两棵斜倚的老松，上不显顶，下不画根，只取鳞鳞树干与松枝松叶中间一段。五松图已有破损，"文革"中就收藏起来，至今未见挂出。李鱓（公元1686—1762年），江苏兴化人，属扬州八怪之一。作画泼墨淋漓，在不拘形中得天趣，平生喜作五松图，现存于世的五松图有十幅之多。

花厅东西各有庭院。东院内有半亭一角，院中有叠石峰，北有桂花，南有树龄三百七十年的桧柏，此柏主干不高，分成三枝，两枝已枯，仅一枝翠绿。桧柏要有百年树龄，树干才开始扭曲。元代狮子林有柏树名腾蛟,当属桧柏。西院花坛中植石榴、女贞、山麻杆各一株。初春,山麻杆嫩叶浓染胭红,入夏,石榴花艳红似火,女贞则终年常绿,四季皆有生趣。这两处庭院布置自然,各有特色。

五松园东院曲廊亦通向指柏轩,此处圆洞门上有砖额"得其环中",环即圆环,环中为圆心,此四字出自《庄子·齐物论》"彼是莫得其偶,谓之道枢。枢始得其环中,以应无穷"句,"环中"当作无是非之境界理解;司空图《诗品》中"超以象外,得其环中,持之匪强,来之无穷",把"环中"理解作灵空超脱的境界。在苍朴的柏树前或在密密的竹林里参禅,大约可以进入这种境界吧。

指柏轩西廊南口和古五松园南口,分别与花篮厅东、西口相通。这里本为荷花厅,民国三十四年(公元1945年),此厅举行苏州城侵华日军向中国军队投降仪式。1968年荷花厅被焚毁,后自娄门内郑宅移花篮厅一座至此。所谓花篮厅是一种小型厅堂,厅中步柱不落地,改成很短的垂莲柱,柱端雕成花篮状。上有草架梁,用铁环连接。在这里抬头,可见中间两个垂莲柱,东西两个垂莲柱半隐壁间。

屏门上刻有巨幅《松寿图》,图中有松、竹、兰、芝,题词为:

  瞻彼南山,松柏斯茂,含纯履贞,以永其寿;

  秀发芝兰,惟德之馨,辉光照国,福禄

来迟。

上有隶书横匾"水壂风来",壂即殿,"水殿风来"是"水殿风来暗香满"的略语,暗指荷花。两边楹联曰:

尘世阅沧桑,向昔年翠辇经过,石不能言,叠嶂奇峰还似旧;

清谈祇风月,于此地碧筩酣饮,花应解语,凌波出水其争妍。

上下联中"石不能言"、"花应解语",参陆游诗意"花如解笑还多事,石不能言最可人"。屏门背后是木刻《乐志论》,为王同愈所书。

屏门前有琴桌,桌两旁各有落地瓷花瓶,高达

花篮厅

一点二米,表面绘有传统戏文。东西墙上各挂两块红木大理石屏。

此厅东西窗格作冰纹图案,南北长窗均有各种浮雕图案,如书剑、琴棋等等。

厅南有露台,原有贝氏建造的铁柱玻璃天棚,仿西洋古典式,现已不存。平台伸入湖中,向东南观望,可见卧云室的飞檐隐现在假山之间,大假山与湖心岛假山之间似有天然石拱桥相连,从桥洞望去更觉水面幽深。平台正南则见奇峰石笋林立,树木参天。临池湖,石岸低接水面,如天然露岩。夏日,这里是赏荷的好地方。

平台西紧连假山,有山洞通古五松园。此山洞与另一山洞紧相邻,后者由真趣亭东南通向九曲桥。两洞从洞壁涡孔中互相望见,却不能走通;在远处看,又似是整体的小假山,与池对岸的大假山遥相呼应。

听雨楼藏帖

苏州古典园林的走廊墙壁上常嵌有书法碑石，俗称书条石。黑色书碑点缀于粉墙，显得古朴典雅。

从五松园西庭院的南廊起，狮子林的长廊壁间嵌有七十一方书碑。除乾隆御诗碑与文天祥诗碑，主要是《听雨楼藏帖》。书碑散布在长廊壁间，起首第一方是吴昌硕题于辛酉年嘉平月（公元1922年

吴昌硕题"听雨楼藏帖"

1月）的石鼓文篆字"听雨楼藏帖"。吴昌硕（公元1844—1927年），浙江安吉人，杭州西泠印社社长，擅篆刻，尤以写石鼓文著称。吴昌硕指出"临石鼓宜重严而不滞，虚宕而不弱"。这里五个字确实朴茂苍逸、独具风采。

《听雨楼藏帖》的编刻者是清人周於礼（公元1720—1779年），字绥远，号立崖，又号听雨楼主，云南嶍峨人，乾隆十六年（公元1751年）进士，历官编修、御史至大理寺少卿。其书法笔势雄伟，效法苏轼米芾。《清史列传》说他"藏宋元真迹尤多"，取唐人褚遂良、颜真卿与宋人苏轼、黄庭坚、米芾、蔡襄等名家书法钩摹勒石，遂成此集帖，均属二王体系。

标题左面的五方书碑，是褚遂良书于贞观四年（公元1630年）的《枯树赋》。此赋为南北朝庾信所撰，借描述殷仲文叹枯树而诉自己的身世，文采照人，是庾信入主北朝文坛的奠基之作。褚遂良（公元596—658年），钱塘人，累官至中书令，因反对唐高宗立武则天为皇后而屡贬至死。其书法继承王羲之风范，与欧阳询、虞世南、薛稷合称唐初四家。通常见到的是他的楷书，如《雁塔圣教序》。《枯树赋》原迹已佚，仅有刻本，此碑亦可传神，丰艳流畅，变化多姿，体现了唐代的开放性格。后有宋人晁补之（公元1053—1110年）补书的说明。晁认为丹阳苏丞相（苏颂）所跋的《枯树赋》是摹本，而这本行书可见兰亭笔法，才是正本。晁的跋言后又有南宋刘辰翁（公元1232—1297年）的跋言，只是称赞晁无咎的字跌宕生姿，难得一见。

见山楼北、指柏轩西廊间有三方苏轼书碑与后人跋言。这两幅小楷写得凝练端庄，静穆虚灵，严谨而不失飘逸。陈浩在乾隆戊子年写的跋言，说苏轼小楷世不多见，此为坡公得意之作。第二年（己丑，即公元1769），周於礼写的跋言又说《九成台铭》与《芙蓉城诗》是东坡北还，过韶州所作，时年六十五岁。《九成台铭》载《苏轼文集》卷十九，《苏轼诗集》却未录《芙蓉城诗》。由这两幅书法也可看出东坡晚年笔力仍"端庄杂流丽，刚健含婀娜"，真是"幼而好书，老而不倦"（均东坡自语）。书时为建中靖国元年（公元1101年）春节，当年七月，一代巨星苏轼陨落常州，故周於礼称此是"最晚之笔"。

真趣亭后西向走廊的十四块书碑主要是颜真卿《述张长史笔法十二意》与苏轼行草诗。颜真卿以《多宝塔感应碑》等碑文中浑厚雄秀的颜体楷书闻名。行草《十二意》书于天宝五年（公元746年），结构沉着，点画飞扬，杂以流丽，真情流露，而且所记载的内容更是书法史上的著名佳话。说的是颜真卿罢秩后去洛阳找张旭，请师笔法。张旭当时在裴儆家，去学字的人很多。听到颜真卿说明来意后，张旭却良久不言，左顾右眄后拂袖而起，颜真卿跟他来到竹林院小堂。张声明："笔法玄微，难妄传授，非志士高人讵可与言要妙？"接着与颜真卿进行深入讨论，先问："夫平谓横，子知之乎？"颜思索一下答道："尝闻长史示，今每为一平画，皆令纵横有象，非此之谓乎？"即横画的基本结构是平，但应稍加起伏使"纵横有象"。张旭给予肯定后不断发问，颜真卿逐条回答。笔法十二意本由三国时钟繇提出，张颜师徒两人在问答中首次作了具体解释。但张旭认为十二意还不够充分，又传授五项经验："妙在执笔，令得圆转，勿使拘挛。其次识法，谓口传手授之诀，勿使无度，所谓笔法也。其次在于布置，不慢不越，巧使合宜。其次纸笔精佳。其次变通适怀，纵舍掣夺，咸有规矩。五者备矣，然后能齐于古人。"最后，张旭又介绍自己对褚遂良"如锥画沙"的体会，说："用笔如锥画沙，使其藏锋，画乃沉着。当其用笔，常欲使其透过纸背，此功成之极矣。"用锥尖在平沙上轻轻一划是难留痕迹的，沙会滚动复原，用力深入划沙才有笔画保留住。颜真卿由此全面地领悟了作书之妙，书艺猛进，终成一代真草大家。可见张、颜两位书家的成功不仅在于天资与苦练，也得助于对书法理论的深入研究。在这里观摩思索，既欣赏了书法，也可学到书法理论知识。

西行是盖有"东坡居士"印的苏轼行草诗，"墨林项氏之章"则说明此卷在明代曾为著名收藏家项元汴所有。这是苏轼与苏辙在兴龙节前一天一起走访王定国，在清虚堂聚谈，醉后所作的二十句长诗。字形大小不一，率意而成，用他自己的话说就是"我书意造本无法，点画信手烦推求"，"无意于佳乃佳尔"。其豪放不羁、畅快淋漓与《九成台铭》的工整恰成对照，但翰逸神飞、刚健婀娜仍为苏轼行草与小楷的共同特点。此石刻中文字与清人王文诰编印的《苏轼诗集》有十八处不同，为版本校勘家所关注。

后面有吴宽于成化十九年（公元1483年）在翰林东署观看后的题言。吴宽（公元1435—1504年）苏州人，明代状元。文徵明在嘉靖辛卯（公元1531年）的跋言中说明东坡此诗作于熙宁己酉（公元

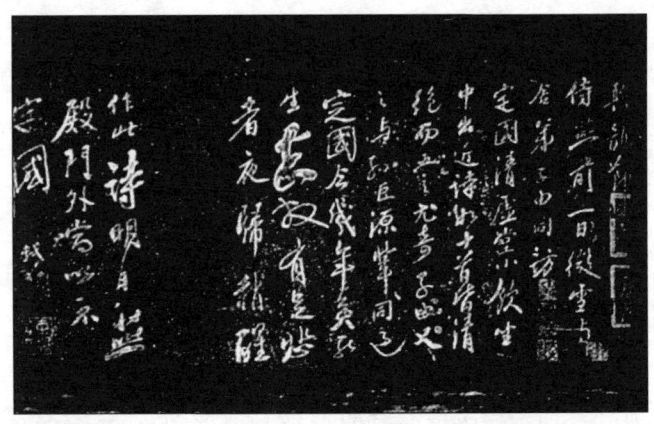

苏轼行草诗

1069年),并赞"所书飞舞,神采照人"。

之后是陈浩步苏轼韵所作诗,称赞坡公"偶然对雪挥醉墨"而成的书法如天飞花,显示出豪情奇气,也感谢"立崖侍御有古痴",收集东坡墨妙是为艺苑保留了琼葩,还"拓成新刻远寄我"。

其西有关于《听雨楼藏帖》的说明。沈宝谦在咸丰甲寅(公元1854年)说,此帖向在浙省,吾吴顾南雅先生心甚爱之。道光年间,他的学生范廉泉以其石归顾氏。不久顾莼辞世,二十余年后于壬子年(公元1852年)归沈氏所有,拓印贻赠友人并序始末。

沈宝谦谢世后十余年,他的儿子沈维骥送拓片给叶昌炽。叶昌炽(公元1849—1917年),苏州人,光绪十五年进士,任甘肃学政时曾保护敦煌文物,为晚清目录家、金石家,收碑拓八千通,著《语石》十卷,编《寒山寺志》等。叶昌炽在跋言中说自己喜爱古刻,而独不喜世传的二王帖《太清》《大观》诸本,因为辗转钩摹,已非真迹,而周於礼"此刻断自登善,举世所称"。

问梅阁后走廊有十七方书碑是米芾行书大字《虹县诗》、《研山铭》与跋言。米芾(公元1051—1107年),字元章,号襄阳漫士、海岳外史。祖籍太原,迁襄阳,后定居镇江。他早年习晋人,摹学二王可以乱真;中年以后反对执笔刻意,主张"率意"写字,"乃有真趣"。这里的行书字型欹侧,姿态夸张,字型大小不一,一方中或五六字,或十多字,任其自然。《虹县诗》有绝句《旧题》与律诗《再题》两篇,墨迹现存东京博物馆。在诗中,他自称"华发苍颜未退翁",仍在努力写字,是"天使残年习笔砚"。《研山铭》后有米友仁的鉴定跋言与王庭筠的题语,形容米字笔画伸展,如"鸟迹雀形"。

　　清人陈浩考据,研山是李后主遗留奇石,米芾获石后铭之。陈浩猜想当年米芾写《研山铭》时非常得意,所书"妙在得势,如天马行空……能雄视千古"。周於礼也赞《研山铭》"矫矫沉雄",是米元章本色。米芾以爱石著称于世,在假山王国狮子林中读

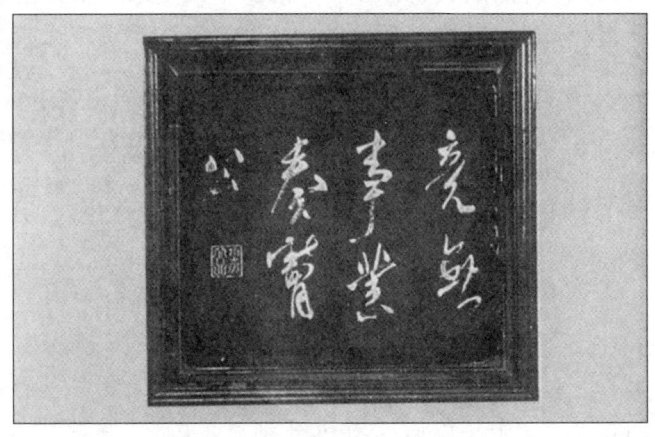

米芾《虹县诗》

这位石痴为奇石写的《研山铭》,岂非趣事?

自扇亭向东,南廊壁间起首两方是米芾书札。以东七方是行书大字《经伏波神祠》,由黄庭坚书。黄庭坚,字鲁直,号山谷,江西修水人。治平四年(公元1067年)进士,因修实录遭贬。诗风奇拗,创江西派。晚年参禅。曾努力研习晋唐名家,尤得益于《瘗鹤铭》的启发,在苏轼的创新路上又创出了自己的风格,"随人作计终后人,自成一家始逼真"。他自述在四川"观长年荡桨,群丁拔棹,乃觉少进,意之所到,辄能用笔"。建中靖国元年(公元1101年),他刚"病起,须发尽白,不可多作劳",先"漫书数纸,臂指

黄庭坚《经伏波神祠》

皆乏，都不成字"。但他坚持奋书疾笔，这时所书雄放奇趣，结字中宫紧凑，长笔向四方展开。黄庭坚不无自豪。张孝祥赞之"一代奇笔也"。范成大评述"山谷晚年书法大成，如此帖豪恢，无遗恨矣"。

文天祥诗碑亭以东有九方书碑，为蔡襄的《谢赐御书诗表》及书札。蔡襄（公元1012—1067年），字君谟，福建仙游人，官至端明殿学士。自少以能书得名，善楷行草各种书体。苏轼赞君谟"天资既高，积学深至，心手相应，变态无穷，遂为本朝第一"。《谢赐御书诗表》是蔡襄得皇帝赐给御书后呈上的谢恩表及谢恩诗，曾刻于翰林院，据说墨迹现在日本。谢恩诗表中淳淡婉美的楷书被誉为宋代之最，其飘逸劲秀的意趣也反映在他的行书中。这里有他的行书诗两首，作于治平丙午（公元1066年）。蔡诗后有洪武初倪瓒的跋言，赞"蔡公书法真有六朝唐人风"，又说"米老虽追纵晋人绝轨，其气象怒张，如子路未见夫子时"。意即蔡襄的字结构整秀，体势文静，而米芾的书法有野气，两者风格相异。但米蔡都追踪古人，讲求真意，这是宋代书法的风尚。

过御碑亭，壁间还有蔡襄书札与苏辙书札，惜字迹模糊，不易看清。在复廊的进口处，有《听雨楼藏帖始末》，是重修狮子林时的监工贝恒记于民国十年（公元1921年）。记中介绍"汇刻集帖始于宋时"，"吾吴明代以来此风尤盛，文氏停云馆、华氏真赏斋……为世人所重顾"。又说"周立崖……取所藏唐宋元书人真迹，钩模入石……其搜择之精、摹勒之善足与同时千墨庵、寒碧庄诸帖同为艺林宝爱"。在重修狮子林时，贝润生知"原石尚存郡中沈氏，诧为奇宝，亟以重金易得之"。终于把尘封土蚀的书碑"嵌置游廊间，并建听雨楼于指柏轩上层，即以拓片庋藏其中"。这幅隶书由余杭褚德彝所写。

出复廊，至立雪堂北廊，壁间嵌赵孟𫖯行草《昼锦堂记》，该记为欧阳修所撰。这幅作品起首即是"仕宦而至将相，富贵而归故乡，此人情之所荣而今昔之所同也"。韩琦在至和年间以武康军节度使知相州（安阳，韩的家乡），"作昼锦之堂于后圃"，但韩

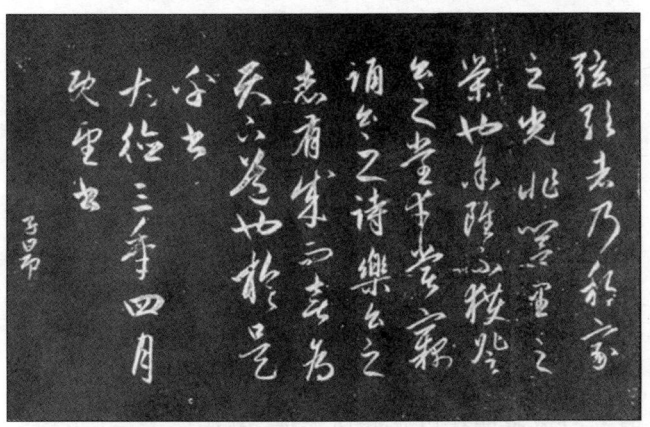

赵孟𫖯《昼锦堂记》

琦"不以昔人所夸者为荣,而以为戒",一心要"德被生民而功施社稷",志向不可估量,"故能出入将相,勤劳王家而夷险一节,至于临大事、决大议,垂绅正笏、不动声气,而措天下于泰山之安"。欧阳修与韩琦本无结交,出于敬仰而作此记,表彰韩琦德被生民、功施社稷,恰为狮子林门厅内砖额"仰韩"作了注解。

赵孟頫(公元1254—1322年),吴兴人,系宋代宗室,入元被召至北京,任翰林学士承旨。擅诗文,精音律,书画俱为一流。目睹南宋书坛的萎靡,他取法晋唐,以清真俊逸的风格左右有元一代,且流及明清。赵孟頫存世墨迹中行楷草书皆有,楷书中以大楷《苏州玄妙观重修山门记》与小楷《道德经》最负盛名。从本幅行草中,亦看出赵字结体匀称优雅、内藏筋骨而流美于外的特点。字间借让巧妙,通篇一体,给人以雅洁温馨之感。赵孟頫曾从中峰明本习禅,撰写天目山《敕赐狮子正宗禅寺碑》,还书写过明本之师原妙的行状。在苏州狮子林内又看到他的书法,禅缘耶,墨缘耶?

浏览狮子林的书碑,由褚、颜重视书法规范可体会到"唐人遵法",由苏黄米蔡抒发真情能看到"宋人率意",而由重视字体形态的赵孟頫,又能知"元人尚态"。

真趣厅 石舫

此厅歇山卷棚顶,因三面不设窗,均置吴王靠,又称真趣亭。亭内画栋雕梁金碧辉煌,显示出与素雅的苏州园林完全不同的皇家气派。金底绿字乾隆御笔"真趣"匾,是清高宗在乾隆三十年(公元1765年)南巡时来狮子林所题。当时弘历还写下《游狮子林即景杂咏》三首七绝与一首七律。在绝句中。他描述道"城中佳处是狮林,细雨轻风此首寻",又说"每

真趣厅外假山

阅倪图辄悦目,重来图里更怡心"。

真趣厅四周景色似画,向东可见邻水的花篮厅,向南则见近处假山与隔水相望的假山群,西边有山林瀑布,向西望去,湖心亭、九曲桥与石拱桥把湖面分隔为近、中、远三景,显得意味深远。若在春季,有细雨轻风,薄雾中隐现着假山、拱桥,更是一幅绝妙的江南春雨图。在厅内把视线由东向南、向西慢慢移动,犹如在观看一幅徐徐展开的横披山水画,处处诗情画意。

说起真趣厅,民间有一传闻,说乾隆帝在此见假山重叠,小桥流水,不由兴致勃发,挥笔写下"真

真趣亭

有趣"三字,随从黄状元觉得此话太俗,又不便公开讲,就说:"皇上您这'有'字我最喜欢,就赏给我吧。"乾隆帝一听,心领意会,就命把"有"字撤去,并在"有"旁添小字"御笔赐黄轩"。于是御匾变成"真趣",而黄状元凭御笔赐"有"字,占有了狮子林。其实这仅是民间传说而已。狮子林在明、清几度为私家所有,在黄家之前,主人是张士俊,黄轩父亲黄兴祖购下后,改称涉园。乾隆帝来游览时,仅赏给当时还是秀才的黄轩弟兄每人一匹缎子,此事地方志有明确记载。

御匾下有金漆的楹联,为吴荫培所撰,联曰:

浩劫空踪,畸人独远;

园居日涉,来者可追。

这里的畸人指仙人,手拿荷花,乘真气而飞升,越过浩劫,浩劫指咸丰十年(公元1860年)之战,当时苏州城里民居、园林大半被毁;下联化用陶潜《归去来辞》,为反思官场生活,改而超然世外之意。下联可当作黄氏"涉园"的注释,也反映了撰者心中真趣所在。吴荫培(公元1851—1930年后),苏州人,光绪十六年(公元1890年)探花。他曾自费考察日本,回国后向清廷建议兴办近代教育。辛亥革命后,他以"平江遗民"自称,息影家园,澹泊明志。从事地方慈善事业、文化事业,编修地方志,筹建虎丘山冷香阁等。

出真趣厅,沿走廊西行数步,即到石舫。在水乡

石舫雪景

江南的园林里,往往有石船点缀于湖中,寓寄迹江湖之意。这里是仿真石船,尾舱两层,上层通平台(即中舱屋顶),可到此眺望园景,正如石舫对联所述:

柳絮池塘春暖,藕花风露宵凉。

在平台上南望,从石舫到南墙游廊,直线距离不过五十多米,但临池山石起伏,曲桥和拱桥划分湖面,意味深远,景色迷人。

暗香疏影楼　湖心亭

自石舫返岸上西行,可继续欣赏壁间书碑。到走廊尽头,既可入门走楼梯,也可向南从假山洞踏蹬道而上。二楼名暗香疏影楼,楼名出自林逋诗句"疏影横斜水清浅,暗香浮动月黄昏"。梅贵疏贵斜,忌密忌直,疏梅之影横斜倒映在清浅的水面上,黄昏时分月上枝梢,有暗香浮动,真是醉人的意境。从这里推窗南望,可见西边树丛中飞翘的屋檐,那便是问梅阁。

暗香疏影楼现辟为茶室。元代狮子林西南角曾有冰壶井,"其泉洌且甘,以瀹茗味尤佳"。当年,倪云林、徐贲、高启都来此饮茶谈禅。高启咏冰壶井的诗句是"时汲煮春芽,为待参立客",乾隆帝《游狮子林》诗中还提到,曰:"缅五百年前,良朋此萃止。浇花供佛钵,瀹茗谈元髓。"佛教戒荤戒酒,以茶待客。唐僧怀海定《百丈清规》,对茶礼有详细规定。赵州从谂有句口头禅曰"吃茶去!"那是要求僧徒们体会出"茶禅一味"。倪云林在画毕《狮林图》后,题诗一律曰:"密竹鸟啼邃,清池云影间。茗雪炉烟袅,松雨石苔斑。心静境恒寂,何必居在山。穷途有行旅,日暮不知还。"说心静自然境寂,在城市山林中一样可参禅,而不来参禅者则如日暮不还的穷途行旅。

暗香疏影楼

禅趣、园趣与茶趣融合到一起了。惜天长年久,冰壶井今已不复存在。三两好友,聚暗香疏影楼,饮茶叙谈,凭窗观园,诚人生一乐。

沿池岸南行,东有湖石驳岸,起伏凹凸,如天然山池;西有假山沿墙,是浚池时挖土堆高,再砌以湖石而成。山路蜿蜒,呈高低三层,树草丛生,恰似天然山坡。

跨小桥时听到潺潺水声,西望有瀑布飞泉。过小桥,上九曲桥,进湖心亭,则可看清全貌。瀑布共五叠,跌落飞溅,故湖心亭中悬匾"观瀑"。湖心亭是观瀑佳处,而它本身又在湖中占中心位置。当游人沿池绕行时,它始终成为视线焦点,是湖中主要景点之一。湖心亭有联曰:

> 晓风柳岸春先到,夏日荷花午不知。

意谓二月里柳枝最早萌芽,晓风拂动垂柳,表明春天先到岸边;夏天荷塘花香四溢,即使烈日当头,也感到酷暑难当。

连接湖心亭的铁栏九曲桥与南面拱桥形成对比,一平一拱,一曲一直,一轻巧一厚重,两座形成对比的桥又共同划分了水面。取桥形曲折,不仅变换了桥的平面造型,也让游人跟着改变视线,从不同角度欣赏景色。

由九曲桥回到西岸南行,岸边有挑出的大块矶石贴近水面,既可在此观鱼,亦可照相留影,或以湖心亭为背景,或以石拱桥、紫藤棚为背景,可各取

湖心亭

所需。

由矶石回到路上前行,有六百岁银杏一棵,周径四米,雄伟粗壮。每到十月,黄叶满树,秋意浓浓。由此向东北看,岛上岸边有石猫背影,只见双耳与背脊,酷似猫在临渊羡鱼,离岛两米处有湖石一竖一横,似蚨驮石碑,俗称"王八驮石碑"。

飞瀑亭 问梅阁

由暗香疏影楼南行数步,可见卷棚歇山顶方亭。亭南有瀑布自山顶而下,亭中有石桌与四只石鼓墩,坐此可听水流飞溅声,但因山石树木阻挡,并不能看到瀑布,故亭内悬额为"听涛",与湖心亭中"观瀑"互相呼应。

亭内西壁是四扇隔扇,上部刻有汪远鼐《飞瀑亭记》,下面刻有浮雕,分别为杏林春暖、荷净纳凉、

飞瀑亭

涛声之源

东篱佳色与山家清供。《飞瀑亭记》全文如下:

> 苏垣之胜,有狮子林焉。自元代迄今六百余载,花木荒芜,亭阁倾圮,惟参天古柏,玲珑山石,岿然独存。今自贝君润生以巨资购归,费一腔之心血,竭十载之经营,始复旧观。
>
> 西面新筑一亭,颜曰飞瀑。旁有瀑布,其声昼夜不息。游斯亭者,如登海舶而听怒涛。今主人又题一榜,曰如闻涛声。噫!其殆有深意存乎其间欤?盖主人久客海上,与海外人士衔杯酒,接殷勤,不卑不亢,情意款洽。主人偶临斯亭,闻声不忘航海景象,亦安不忘危之意尔。
>
> 或曰,主人将抚此名胜而娱晚景,则浅乎言之矣。虽然,园中之一花一木,一亭一阁,无不位置得宜,是真所谓胸有丘壑者。即观园东之宗祠义庄,先期落成,又可想见主人之用意所在焉。

不同的人听到落水声的感受是不一样的,贝氏在上海经商,所营染料由海轮运来,听到落水声如闻海涛;久居北方的南乡客听到水声,可能会想到家乡山溪的潺潺声;哲学家在川流不息的瀑布前,或许想到子在川上曰:逝者如斯夫。飞溅的瀑布,湍急的流水,总是游人关注的景点,因为从中感受到了自然在变化、在运动。

出飞瀑亭南行，见重檐歇山顶的问梅阁。此阁是西山中心景物，阁外有梅数枝。阁内地面有梅花纹，桌子凳子都做梅花状。

匾额"绮窗春讯"，绮窗为有花格的窗户，意为花格窗外有梅花报春。两边对联为费树蔚所撰，苏寿成书，联曰：

高隐成图，息埌偕盟马文璧；

名园涉趣，清诗重和蒋心馀。

倪云林隐居江湖，被称为"倪高士"，息埌为居住之处，偕盟即加盟，文璧为元末画家马琬的字，在这里作画家代词。上联意为倪高士画了《狮子林图》，又有许多画家加盟其事。蒋心馀为乾隆时诗人，名士铨。下联指在名园中漫步自有乐趣。用清雅的诗句与诗人唱和。下联中嵌有狮子林曾用园名"涉园"。

撰联者费树蔚（公元1883—1935年），号韦斋，吴江同里人，善诗词。与袁克定是儿女姻亲，又同是吴大澂的女婿。费早年入幕袁世凯，却反对他称帝，因而退居苏州桃花坞。费韦斋是柳亚子的表兄，又是浙江大学教务长费巩烈士的父亲。

元代狮子林西面有老梅一棵，虬枝奇曲，名为"卧龙"，倪云林在《狮子林图》中特地画出，梅树后的客房就称"问梅阁"。"问梅"是禅宗公案"马祖问梅"的简称。

八扇屏门上均是描绘梅花的国画和关于问梅阁的古诗，由北向南依次是谢孝思画红梅、钱太初

问梅阁

书元人塗贞的《问梅阁》、张继馨画白梅、瓦翁书清人曹凯《帅林八景·问梅阁》、崔护画《香雪春讯》、谭以文书清人沈清瑞《狮子林十二咏·问梅阁》、王西野画墨梅、吴进贤书清人吴翌凤《狮子林十二咏·问梅阁》。

屏门背面是包锡咸《重修狮子林记》,与燕誉堂中贝润生自记内容相似。《重修狮子林记》全文如下:

  古今盛衰兴废之数,虽曰由天,岂非人事哉?我吴之有狮子林也,有元以来四百余年矣。其间河山易姓,号令递嬗,世变沧桑,不可究诘,而斯园溜尚丘壑依然,岂以释子之所手创,高人之所经营,益以翠华临幸,宸藻晖煌,若有神物为之呵护者邪?余窃疑之。夫数十百季以后之人,必不能述数十百年以前之事。其可述者,志乘详之矣,故不具论。论其近者,园东北隅有厅事数楹,盖斯园之隙宇,而余园黄氏非有矣。岁壬子,归玉峰李氏,越戊午,归同邑贝氏。今乃重整园林,建校于西偏,建祠于东偏,盖将为大规模之建筑,不惟存名胜,复旧观已焉,余闻而识之。岁月荏苒,众工络绎,历祀六七乃观厥成。夫物由盛而衰易,事由废而兴难。古来宫室苑囿不可胜数,方其始也,绿野平泉擅一时之胜,及其继也,兰亭梓泽兴后世之嗟傥,所谓天道无常,盈虚有定,非人力所能挽回者耶?虽然,昔大云庵为沧浪亭,浮图义暎能复子美之构,震川称之。今狮林荒残灭没几什百于沧浪,而主凡三易,宏工告成于濒危垂绝之境,为更新作始之计,规模宏远非其人孰能任之?故吾谓衰兴废由乎人而不由乎天也。抑闻之斯园结构,即小而一亭一榭悉主人意匠经营,躬自规画,少不当意,虽毁之重劳不惜,其不苟也如是。夫不苟于一事者必不苟于凡事,即小观大,并以告世之游览者。

  乙丑暮春之月,吴县忏庵包锡咸识,越三载丁卯荷夏中浣并书。

双香仙馆　扇亭

出问梅阁,走廊间行数十步即有小亭双香仙馆。亭内有石桌与四只石鼓凳。所谓"双香"是指亭外近有梅花,山下有荷花池。冬天,梅花暗香浮动;夏天,荷花香远益清。在这里能享受到这两种清香,真是仙人所住的地方。荷与梅的清香都是纯洁的,给观赏者以高尚的享受并带来心灵的净化。

此亭建在假山上,亭下是山洞,有路通入盆景

双香仙馆

园。

由双香仙馆南行,走廊折东,逐渐下坡。下坡廊设北墙,墙间有漏窗,可见墙外的青青翠竹。下坡数步后,廊又折南,前面见小天井中有湖石、黄杨。向东进扇亭,只觉得豁然开朗。

由扇亭内向外望去,近处有假山,山道蜿蜒水边,北望岛上紫藤架与石拱桥,东望是黄石假山"小赤壁",池水在山下洞中穿过。

亭内地面、小桌与窗户都取扇形。此亭之妙不仅在于变换亭子的平面造型,而且是连接互相垂直走廊的极好过渡,更在于扇亭与墙角间留有空间,

扇亭

并在其中布置了园林小品，无论从由北向南的走廊，还是从由东向西的走廊接近扇亭，首先看见的就是这生机盎然的小幅立体图画。本来是沿边墙的单调直廊，又是到了转角的尽头，而如此的安排就不会让游人感到沉闷，真是匠心独具，构思巧妙。

扇亭原有匾"遐思"，遐通遥，后佚。有竹刻抱柱联曰：

相逢柳色还青眼，坐听松声起碧涛。

上联中"青眼"可谓一语双关，满园树木，映照在人眼中，反射出青色；另一方面，汉语中以"白眼"为鄙视，因不给正眼，视线旁移，受鄙视看到的是眼白；反之，从瞳孔直视称青眼，表示重视或友善，现多称"青睐"，对柳色还以青眼亦即亲近自然，坐听松涛往往会思绪万千。撰联者俞樾（公元1821—1906年），号曲园居士，浙江德清人，道光三十年（公元1850年）进士，罢官后居苏州著书，为著名国学大师，兼擅篆隶，并长行草，寒山寺张继《枫桥夜泊》诗碑由俞樾书写。

石拱桥　湖心岛

古银杏树下有青石拱桥,通向湖心岛。元末始建狮子林时,这里有石板桥,在徐贲《狮子林图册》中可见桥名"小飞虹",疑为宋代所遗留。在清人乾隆《南巡盛典图》中,此处已成现在的拱桥。传说园主事先不知皇帝降临,弟兄两人在此接驾,遂又称为"接驾桥"。图中桥上有紫藤架,乾隆帝在北京与承德仿造的两处狮子林,也都在相应的位置建拱桥

石拱桥

称"飞虹",且在桥上置紫藤架。这些都有御诗为证。

贝氏重建狮子林时,在岛的西、南两岸设紫藤架。仲春,紫花满架,煞是好看;盛夏,浓荫蔽日,为纳凉佳处。

紫藤架的西南角,是近代所建的水泥六角亭。藤架东北原有面阔三间的御碑厅,贝氏把御碑移到南廊,现为一片冰纹铺地,周围绿草如茵。

岛的东部与北部是太湖石假山,山道回旋曲折,经太湖石叠成的桥可通向大假山,直至卧云室。山道似临水的栈道,可达沿北岸的假山。崖边有

小赤壁

拟态岩石，如石猫弓背北望，临渊羡鱼，如海龟翘首，上竖一石峰，也称"达摩渡江"，又有张开大嘴的巨型狮头。不妨在此发挥想象力，或许还会有奇妙的发现。

此岛面积约零点七亩，约为两亩水池的三分之一。岛与陆地的通道有四处，可通西面的青石拱桥，南面的小赤壁，东南的修竹阁与东北的太湖石桥。这些通道与小岛把水池划分成四部分，北部的湖面，南面的河道，东南的山池与东部的山涧。

水池之南，沿岸堆叠太湖石假山，假山之上是三座亭子并连接长廊。山道在狭长的临水假山间迂回，跨过水口上的石板小桥，在文天祥诗碑亭外通入山涧，弯腰低头方能穿行山洞。

碑亭外，有黄石叠成的石壁，即小赤壁，它把岛南水池截为东西两段。小赤壁下有路，路下有石砌涵洞，仅容小船穿过。西部水面似河道，东部水面呈不规则形状，在叠石岸的包围下如一小型山池。

文天祥诗碑亭

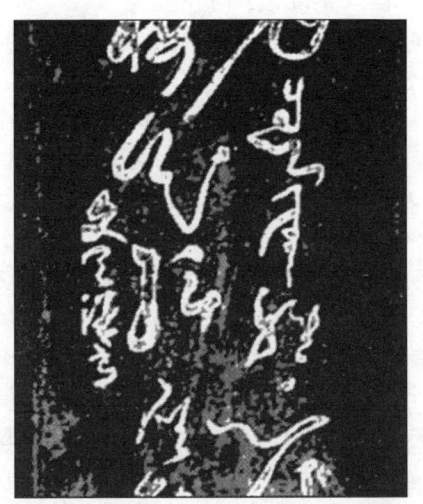

出扇亭，沿高低起伏的长廊东行，可至半亭。此亭壁有文天祥草书诗碑，碑高一点五米，宽零点七米，只见两行草书大字洋洋洒洒，跌宕生姿，笔断意连，如飞如舞。能由此想象当时文天祥运笔疾速、一气呵成的场面。

这首文天祥草书的《梅花》诗曰：

　　静虚群动息，身雅一心清；

　　春色凭谁记？梅花插座瓶。

字面上是描写插入花瓶的梅花清雅，体现的是诗人高洁情操。清雅的春色凭谁来记录呢？文天祥自己已在《过零丁洋》中作了最好的回答："留取丹心照汗青。"诗碑的主题，体现在亭的匾额"正气凛然"四字中。

文天祥（公元1236—1282年），号文山，于宝祐四年（公元1256年）考中状元，德祐元年（公元1275年）十月以浙西制置使兼任平江知府，在苏州指挥抗元，第二年文天祥以右丞相身份赴元营谈判，竟被扣留，从此他开始了可歌可泣的狱中抗争。苏州人民为了纪念文天祥，在桃花坞大街之南建立文山祠，祠前小巷命名为文丞相弄，还在沧浪亭五百名贤祠中供奉他的画像，颂词为"孔曰成仁，

文天祥诗碑亭

孟曰取义;岳岳文公,于斯无愧"。这里的诗碑,是苏州少有的文天祥墨宝,游人默默读着他的诗句,心头油然涌起对英雄的敬仰之情。

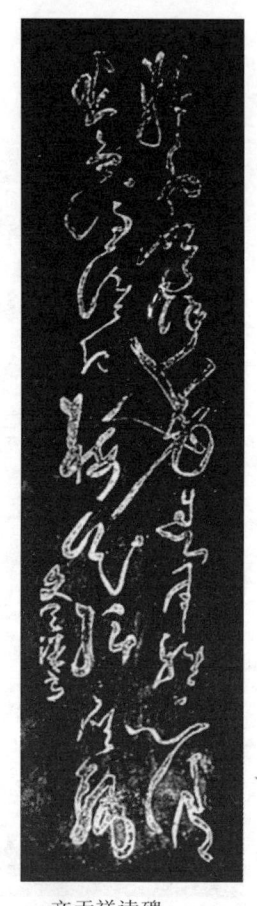

文天祥诗碑

乾隆诗碑亭

离开文天祥诗碑亭继续东行,稍向北折,入御碑亭。从乾隆《南巡盛典图》中可见,当时御碑亭在现湖心岛上,面阔三间,乾隆写诗在御诗楼,位置相当于今指柏轩;至清末,亭破碑断。贝氏重修狮子林时,建廊置亭护御碑。在"文革"中断碑再度被砸毁,现碑文是"文革"之后按原有断碑拓片重刻,而碑座碑顶为旧物。

御碑残石

御碑

乾隆书法圆润,常受近代书法家批评;乾隆毕生作诗四万首,也不为文学家看重。但御诗毕竟是当时留下的原始资料,证明乾隆确实到此,还记下了他游览的情况,是园史的珍贵资料。乾隆御诗《游狮子林》曰:

早知狮子林,传自倪高士;
疑其藏幽谷,而宛居闹市。
肯构惜无人,久属他氏矣;
手迹藏石渠,不忘赖有此。
讵可失目前,大吏称未饰;
未饰乃本然,益当寻屐齿。
假山似真山,仙凡异尺咫;
松桂千年藤,池贮五湖水。
小亭真一笠,矮屋肩可掎;
缅五百年前,良朋此萃止。
浇花供佛钵,瀹茗谈元髓;
未拟泉石寿,泉石况半毁。
西望寒泉山,赵氏遗旧址;
亭台乃一新,高下焕朱紫。
何幸何不幸,谁为剖其旨;
似觉凡夫云,惭愧云林子。

复廊　修竹阁

◆复廊 修竹阁◆

出御碑亭,走廊复又右折,回到南墙,此时已逐步降至平地,却又依着池岸作几番曲折。在曲廊与南墙间的三处小空间中,修竹摇曳,打破了沿南墙长廊的单调。

走廊到尽头与复廊相接。复廊两边均有墙,西墙上有六个不大的六角形空窗。走至窗口,自然会向外观望。在第一个窗口看到的是曲折的游廊,第二个窗外看到左边是石岸,右边是池水;就这样依次见小赤壁、修竹阁。复廊东墙上开有六个圆窗,也让游人从不同视角欣赏廊东景物。苏州园林如沧浪亭复廊,两侧无墙,隔墙上开有漏窗,因此较为开敞,廊两边空间可以隔而不断。而狮子林复廊两边均有墙,只留不大的窗口供观赏景色;隔墙的窗上装有彩色花纹玻璃,因此廊两边的景色完全隔断,廊内较暗,让游览者每逢窗口必望外观看。经过这段复廊后进入另一景区时,有豁然开朗之感,这是很有特色的。

由南廊东端北望,在藤蔓纷披的右岸上有轻盈水阁,名修竹阁。此阁飞跨池水之上,西连湖心岛,东通复廊,因此阁内南北墙上各有砖额"通波"与"飞阁",两词借用晋陆机《吴趋行》中形容苏州阊门

◆狮子林◆ 93

东廊外

西廊内

的诗句"阊门何峨峨,飞阁跨通波"。修竹阁南北不设墙,在阁内北望,可见小溪蜿蜒于山间,曲折幽深,南望则见曲折错落的石岸围住湖水一泓,似山中小湖,颇含野趣。

"修竹"一词,语出《洛阳伽蓝记》"庭列修竹,檐拂高松",也是对狮子林旧景点"修竹谷"的纪念。元末明初时,狮子林内万竹阴阴,在假山的山谷里更是"编篱遮谷口,万个竹修修"(高启《师子林十二咏》),此处称竹谷,到清人吴翌凤用高启韵再作《师子林十二咏》时,就称修竹谷,而在苏州方言中,修竹谷与修竹阁的发音是相同的。

卧云室　立雪堂

或在大假山中穿行，或在山外向山里观望，总可看到山中有飞檐高翘，这就是卧云室的屋顶，但在山上不易看清从哪条山道可以抵达，其实从燕誉堂北廊西门穿山洞西行，即为通向卧云室的捷径。

到此只见假山环抱中有方形楼阁，从南面看，屋顶是横脊极短的歇山式；从北面看，楼阁向外凸出。抱厦内是楼梯，抱厦的屋顶是半个四方攒尖顶。两种形式拼接一起，造成奇特的外观。每层屋面有六只飞角，这种形制为他处所少见。

楼阁周围空间极狭，似在石壁重重的山坳中。元代狮子林中的卧云室是僧众休居的禅房，卸任江浙行省平章简斋公来此参禅并题匾。"卧云"，出自元好问诗句"何时卧云身，因节遂疏懒"。

时隔六百年之后，另一位退职后参禅的省长程德全又为卧云室题写横匾。程德全（公元1860—1930年），四川云阳人，光绪末年在东北抗俄垦荒，改革旗制，颇有声望。宣统元年（公元1909年）由奉天巡抚迁江苏巡抚，在苏州重修寒山寺，支持张謇的立宪主张。辛亥革命时，他被迫响应，任江苏都督。孙中山任命他为临时政府内务总长，因病不就。次年辞去职务，寓居上海，闭门诵经。1922年夏，他可

卧云室

能觉得在狮子林可以面壁坐禅,就题写此匾。四年后程德全在常州天宁寺出家,曾驻锡苏州木渎,圆寂后葬寒山寺侧。

卧云室中有萧树霖书楹联一副,曰:

> 吴会名园此第一,云林画本旧无双。

极赞狮子林因重建一新而名冠苏州,倪云林所画无人可以匹敌。

这里环境幽闭,稍站片刻,便有"人道我居城市里,我疑身在万山中"的感觉。

出复廊,走廊稍有起伏,到最高处经太湖石阶,可到庭院中。向西可见有湖石恰似牛头,沿牛头方向望去见地上伏着石蟹,以双螯向牛。民间传说,牛只有蹄子,不会剥开蟹斗吃蟹肉,一生气就踩在蟹背上,所以蟹背上有如牛蹄的印痕。庭院中部站着一只石狮,狮尾上翘,狮眼圆睁。有人把这三处叠石合称为"狮子静看牛吃蟹"。

石狮东南地面有湖石似蟾蜍。苏州在清代就有刘海钓金蟾的故事,说的是金蟾趁刘海打瞌睡之际逃走,躲在贝家水井里。刘海装成一个穷孩子到贝家做书童,趁无人注意,以金钱为诱饵钓起了蟾蜍。它的真身被刘海钓走了,而肉身留在贝家变成了石头。另有传说,刘海的金蟾只有三条腿,吴方言中称"三脚萝卜干"。三脚石蟾后来成为贝氏家族的纪念标志。

庭院西部有一棵百年白皮松,粉墙上攀着木香藤。进立雪堂,从北、西、东三面窗口中再对庭院观赏一番。正中是圆光罩,后墙花格窗中央是一方大玻璃,窗里花木湖面构成框景,墙外已是燕誉堂前庭院了。立雪堂内有对联一副,曰:

　　　　苍松翠竹真佳客,明月清风是故人。

款署"邓云乡录唐解元旧联"。唐解元即唐寅(公元1470—1523年),字伯虎,苏州才子,二十九岁时乡试第一名,次年赴京参加会试被诬作弊,下狱受审。从此绝意仕进,放浪傲世,专心诗画,遂成一代大家。晚年居桃花坞,归心佛禅,自号六如,以松竹风月为友,反映他脱俗超尘、融入自然的情趣。

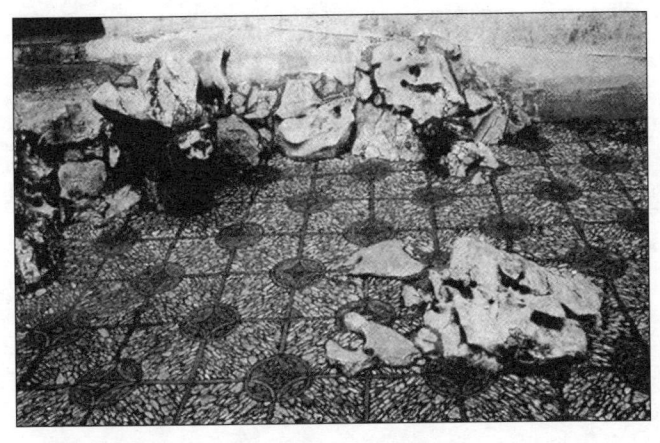

"牛吃蟹"

"狮子戏绣球"

"三脚蟾蜍"

匾额"立雪"有跋言,称"是否采游杨故事,未可臆测"。杨时为北宋人,四十岁时与游酢一起去向程颐请教。程正在午睡,两人就侍立等候,这时下雪了,等程颐醒来看到他们,门外积雪已有一尺深。这个故事称为"程门立雪"。佛教中另有立雪的故事,说达摩祖师在少林寺修禅,慧可去拜师,在门外站了一个晚上,积雪没膝,终被收为弟子,后来成为禅宗二祖,少林寺有《立雪序》记录此事。惟则建师子林,将讲经说教之堂取名立雪堂,当然是指少林立雪,因为程颐是反对佛教的。尽管两则立雪故事中的人物不同,但突出的都是尊师重道之意,至今仍

立雪堂

立雪堂窗景

有教育意义。

　　出立雪堂,就是燕誉堂。至此,已在狮子林内游览一周了。

城市山林狮子林

狮子林始建于元至正二年（公元1342年），在六百五十年的漫长岁月中，它曾因高僧住持、名家绘图而甲领江南；也因康熙乾隆多次临幸、两度仿造于北京承德而名闻天下；在近代经贝氏重建后又曾以楼台金碧、陈设精美而称冠苏城。

（一）

元代禅宗高僧惟则在至正元年(公元1341年)来到苏州。第二年，弟子们为他买地置屋，惟则就在此建立禅林。此地本是宋代官员的花园旧址，占地约十亩，屋不过二十间，竹林茂密，并遗有大批太湖石。林内有含晖、吐月、立玉与昂霄等太湖石峰与玉鉴池、小飞虹等景点。出于禅宗的传统，林内不设佛殿，惟建禅窝、卧云室、立雪堂，又在宋代遗留的梅树、柏树旁分别建了问梅阁（客舍）与指柏轩（僧堂），共计为十二景。来参禅问道的官员与文人甚多，名声传至京师，翰林学士承旨欧阳玄应邀为撰《师子林菩提正宗寺记》。

元末明初，江南著名文人纷纷在此题诗作画，为一时美谈。所题诗词结为《师子林纪胜集》，画有三种，至正二十三年（公元1363年），应奉翰林文学朱德润绘《师子林图》，高启曾见此图，后失传；明初洪武年，倪云林作一横幅，描绘狮子林全景；高启与异僧姚广孝等人合作诗十二首，分咏狮子林各景，徐贲配以册页十二幅，每景一图。倪

倪瓒像

图、徐图在清代为皇家收藏，著录于《石渠宝笈》，近世有延光室影印本，惜目前不知真迹下落。不久以后，禅林荒废，居民杂住，也曾被豪家占有。

明万历十七年（公元1589年），明性和尚持钵化缘，要恢复狮子林，他请到了皇太后颁发的藏经。不久，袁宏道的好友江盈科任长洲知县，发给钱粮，遣散住户，重建旧景。又在元代狮子林之南创建山门、大殿与经阁，称狮子林圣恩寺，简称狮林寺。原来湖石林立之区为后花园。十八世纪初，花园归张士俊。康熙四十二年（公元1703年），清圣祖玄烨

南巡,驾临狮子林,题赐"狮林寺"匾,又为花园题联"苔涧春泉满,萝轩夜月闻"。文点、潘耒、朱彝尊、顾嗣立与张士俊等合作《狮子林联句》,赞叹狮子林假山。

乾隆初,园已归衡州知府黄兴祖,改称"涉园"。清高宗弘历自乾隆二十二年(公元1757年)第二次南巡起,每次南下必游此园。他五游狮子林,共题写了十首诗与三块匾,其中"真趣"匾至今仍挂在园中。乾隆三十六年(公元1771年),弘历令苏州织造把狮子林的建筑、山池按比例做成烫样(硬纸模型)送北京呈御览,用十三万两银子仿建于长春园内东北角,仍称狮子林,其中假山由吴下高手堆叠。过了两年,他又命花费七万两银子,在承德避暑山庄内再仿建一处狮子林。他为这两处仿造的狮子林又各题了七八十首御

康熙像

诗。乾隆在北京、承德的造园高潮中仿建了海宁陈园、南京瞻园与无锡寄畅园等江南园林，各园都仿建一次，唯有狮子林仿建了两处。这也从一个侧面反映了狮子林造园艺术的魅力。

园主黄兴祖的长子考上进士，次子黄轩考中状元，这又为狮子林增加了几分显赫。但好景不长，后来狮子林年久失修。咸丰十年（公元1860年），太平军与清军在苏州激战之后，园中仅剩荒草断垣，御诗碑也跌断在地，唯有假山依旧。

民国元年（公元1911年），上海人李钟珏买下荒园，欲修未成，七年后转让给贝仁元。贝氏又购得周边民居，在园东建贝氏祠堂与承训义庄，在园北建族校。西部扩充之地则沿园墙堆成假山，上设水柜造人工瀑布，在园中浚池植花、重建厅堂，并冠以元代狮子林各建筑之旧名。在北、西、南三道长廊壁嵌置《听雨楼藏帖》与文天祥诗碑、乾隆御诗碑，增建了燕誉堂、九狮峰、湖心亭、石船、荷花厅、牛吃蟹等景点。

新中国成立后，贝氏后人把狮子林捐献给人民政府。经苏州市园林管理处整修后，于1954年2月对外开放。1963年，狮子林被定为市级文物保护单位。"文革"中，狮子林被改名为"朝阳公园"，园内陈设受到一定程度的破坏。改革开放以来，仍用狮子林为园名，逐步恢复家具、楹联旧观，还多次整修道路。1982年，狮子林被定为江苏省文物保护单位。古老的名园以崭新的面貌欢迎八方来客。贝氏族裔、建筑大师贝聿铭曾陪同肯尼迪夫人游览狮子林，1996年他再次回到家乡苏州，并高兴地在这里庆贺八十岁生日。

离狮子林仅两百米就是拙政园，当初为狮子林门前马路定名时，因为此路连接两处著名园林，就从两个园名中各取最后一字，称为园林路。拙政园与狮子林在风格上形成对比，狮子林以假山闻名，有倪云林画图，厅堂题名有禅宗含义，全园结构紧凑精致，而拙政园以池广著称，经文徵明绘貌，厅堂题名多与花木有关，风格天然朴素。故到苏州游览园林，这两处相映成趣，都是必游之地。人曰：

要见真趣，来苏州必游狮子林；

莫失良机，游狮子林须穿假山洞。

总结了狮子林在苏州园林中的地位与游览狮子林的重点内容。

（二）

狮子林开山祖师惟则，俗姓谭，庐陵永新人，号称天如禅师，属临济宗虎丘派，是元末著名禅僧。从他与姚广孝的两首诗推算，应是生于至元二十三年（公元1286年），卒于至正十四年（公元1354年）。惟则二十岁入天目山，参中峰和尚。十八年后，遁迹松江九峰。至正元年（公元1341年）抵吴门，居幻住庵。翌年,他偶至城内东北隅,见有地数亩,"古树丛篁如山中,幽辟可爱",弟子们就为他买地结屋,号师子林,又称菩提正宗寺。

惟则在宣扬佛法时不故弄玄虚,而是以平实缜密的讲解,启发听众悟解缘由。他强调顿悟的基础是渐修,说想要息苦轮、出火宅就必须了断生死,真参实修。他分析禅宗各派的不同方法,指出虽"用有万殊",其实"体无二致",并提倡禅净兼修。著有《楞严会解》、《天如语录》、《净土或问》与《宗乘要义》等,均为元代重要佛教文献。惟则曾获元顺帝敕赐"佛心普济文慧大辩禅师"封号,但不愿出去住持大寺院。

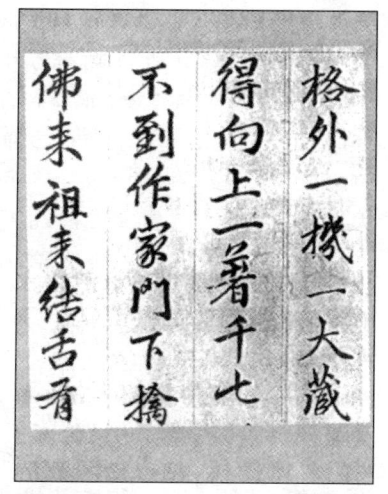

惟则手迹

惟则工诗善书。他的诗集《师子林别录》传至清代,由顾嗣立收入《元诗选》。其中《吴松江观闸》生动地描写海潮与江水相搏击的情景:"海浪发怒驱潮头,战退吴松水倒流。"接着就借此比兴,抨击世间人情的凶恶:"人言水性险且凶,不知水与人情同。情涛识浪怒且愤,不在江潮在方寸。水险尚可避,人险终难知。人争领额罔昼夜,水争尚有潮平时。"在他看来,摆脱尘世苦海的途径,唯有参禅悟道,去过"一钵香羹野蕨肥"、"汲泉自试雨前茶"的澹泊生活。《中国书迹大观》中有惟则《慧庆寺普说册》四页,至正元年写于幻住庵,其工整俊美、挺拔鲜明的行楷饮誉古今。国学大师饶宗颐教授有专文介绍这卷墨宝,赞道:"笔势开强,浑穆沉厚,是以辟易万夫。"

惟则的师傅是明本,号称中峰和尚,被封为"普应国师"。元大德二年(公元1298年),明本到苏州阊门外雁荡村,见有松冈数亩,结庵名幻住,赵孟頫为题"栖云"匾。明本得法于西天目山师子院,该院为明本之师原妙所创。原妙,俗姓徐,吴江人,宋亡入天目山,居狮子岩边山洞,号称高峰和尚。狮子岩,状如昂首狮子,昔有异僧指为西来师子座。因"佛为人中狮子",师子座为佛之坐处,后泛指高僧坐席。在清世宗雍正御制《宗门真脉》中,原妙与明本分别列临济宗五十五祖、五十六祖。

狮子林是寺庙与园林的结合体。狮子林就是寺庙的名称,其中各主要景观都是宗教建筑。林是丛林的略称,丛林即禅寺,如九华山有旃檀林。禅宗僧侣起先多岩处穴居,或于律寺中立别院寄居,当时禅僧所居处常称禅院,至怀海禅师始拟定《百丈清规》,创丛林制度。称寺院为丛林,是因为其中有规矩法度,如草木生长有序,或谓众僧共住"如大树丛聚,是名为林"(《大智度论》)。禅僧以参禅、斗机锋为得道法门,不念佛,不崇拜,甚至呵佛骂祖,因此怀海定下禅寺制度为"不立佛殿,惟树法堂……僧堂……方丈"。殿为供奉佛祖、菩萨之处,堂为僧居之室,法堂内讲经说法,僧堂为众僧坐卧之室,方丈则由禅寺住持所居。后来禅净逐渐合流,禅僧也念佛,禅寺内亦建佛殿,就与净寺无多大差别了。狮子林的情况正反映了元代苏州禅寺仍保留着早期禅寺的特征,园中并无金碧辉煌的梵宫琳宇,也没有奇花异草,只是普通的房舍散布在古树竹林与假山之间,各建筑题名富禅宗特色,如卧云室、禅窝等,有三处直接以公案题名,即立雪堂、指柏轩、问梅阁。惟则创狮子林时,见有宋柏、宋梅,随即以公案命名其建筑,正显示了禅师的风格。

慧可(公元487—593年),俗名姬神光,洛阳人,少习儒。近四十岁时梦见神人指示,遂去少林寺拜达摩为师。到达少林寺后,守门和尚说,达摩禅师坐禅期间不见任何人。慧可为了表示自己诚心,便站在寺庙门前,不见达摩不肯离去。雪越下越大,到深夜慧可已冻得像一根冰柱,积雪深到膝盖,却依然站在山门前,达摩仍无动于衷。慧可为了表示虔诚,竟忍痛用刀砍断了自己左臂,终于感动了达摩禅师。达摩于是问道:"你到底想求什么?"慧可回答说:"弟子心未安,请大师为我安心。"达摩说:"请把你的心带来,我就为你安心。"慧可沉默许久后说:"我虽尽力寻思,但这心实在是难以捉摸。"达摩见慧可已开悟,便点拨他说:"我已为你安心了。"

慧可师事达摩六年,得《楞伽经》及从印度带来的袈裟。慧可使禅中国化,后被尊为禅宗二祖,少林寺为禅宗祖庭。现在,少林寺前明代石枋的上联"心传古洞,严冬雪拥神光膝"即记此事,少林寺第六进达摩庭又称立雪亭,内供达摩与慧可塑像,挂有乾隆御书"雪印心珠"匾;少林寺西南八里外有二祖庵,传说慧可在此养伤,又称养臂殿。慧可自断左臂之事首次由法琳《慧可碑》所录,后为《景德传灯录》等沿用。但《续高僧传》说他是遭贼斫臂。不论慧可断臂立雪之事实是否可信,慧可在少林寺立雪安心是禅宗史上的著名公案。

马祖道一禅师(公元709—788年),有弟子名叫法常(公元752—839年),听到马祖说"即心即佛",当即大悟。后来,他到余姚南七十里的大梅山去做住持,称大梅法常。马祖想了解他领悟的程度,便派弟子去试探法常,问他:"你住此山,究竟于马祖大师处悟得什么?"法常回答说:"马祖大师教我即心即佛。"那弟子说:"马祖大师近日来佛法有变,又说非心非法。"法常说:"这老汉经常迷惑人,不知要到何日。他说他的非心非佛,我只管即心即佛。"那弟子回寺院告诉马祖,马祖赞许地对众弟子说:

"大众,梅子熟了。"

禅宗强调"心即是佛",这则公案说明法常认识到"即心即佛"和"非心非佛"是不二之理,故马祖说"梅子熟了"。因此问梅阁命名之意是把天如禅师比为法常,已能独立弘禅。

唐代禅师从谂(公元778—897年),俗姓郝,其师普愿是马祖的弟子。从谂住持赵州观音院(在今河北隆尧县),玄言布于天下,号称"赵州法道"。有弟子问他:达摩为何从西方来到中国?他答道:"庭前柏树子。"弟子没听懂,再问两遍,他总是回答:"庭前柏树子。"这是禅僧斗机锋常用的方法,虽有所表达又不具体说出,参禅者要从玄妙的暗示中自行体会。性统在《五家宗旨纂要》中评道:"如赵州答庭柏话,此语于体上又不住于体,于句中又不著于句。妙玄无尽,事不投机,如雁过长空,影沉寒水。"如果仅滞于他的字面意思,是说不清机锋的要旨的,"指柏"含有很深的玄妙。

危素在介绍天如和尚用禅宗公案为狮子林中僧堂、法堂采取了具有禅宗特色的名称时说:"今有指柏之轩、问梅之阁,盖取马祖、赵州机缘以示其采学。"这在参禅文人中得到普遍理解,题咏狮子林的诗句中有"赵州柏树已开轩,常公梅子更营阁"(段天祐),"问梅还指柏,莫傍小乘禅"(潘世恩)等等。以公案启发参禅者,是禅师传法的常用方法。禅师不仅在讲经论法时传授禅的真谛,也在游览园林、欣赏景色时解析禅理。道衍说"要适林中趣,应存物外情",如此即可"知清泉白石悉解谈禅"(高启)。在狮子峰前,他们或想到狮子应为佛座"只堪负莲座,稳载法王身",或以狮子比喻佛法所向无敌,"踞地似扬威,猛持势何雄"(高启)。在禅窝前问道:"谁言寻丈宽?能容大千界!"(高启)危素认为玉鉴池与冰壶井都是以水喻法性,高启咏冰壶井诗曰:"清似玉壶冰,湛然尘不留。"周稷《咏玉鉴池》曰:"沈沈镜面平,淡淡清无底。山深风不起,波浪何曾起。"这两首诗简直就是神秀与惠能争夺衣钵时佛偈的翻版。在含晖峰前感到"神境妙自人,淡然娱人心";吐月峰下的"山中学佛人"是"见月即长拜",体会到禅意如月光一般"散入大千界"。禅悦之趣与园林之乐便融合在一起了。这种乐趣的融合是禅寺与园林结为一体的目的所在。借用黑格尔的话来说,就是园林艺术"替精神创造一种环境,一种第二自然"。这处城市山林是参禅的好环境。我国著名寺庙有不少是凭借奇特的自然景观(如峨眉佛光)或菩萨"灵迹"(如九华地藏、普陀观音)来吸引香客,城市寺庙则建佛殿经阁,设放生池,供信徒礼拜念经,还愿施善。与众多的寺庙园林相比较,狮子林确为别树一帜的禅宗寺庙园林。

我们在狮子林里看到了佛教在中国文化中的影响,正如在私家园林中可以看到老庄的退隐之道,在皇家园林中可以看到儒家的尊王宗旨。中国古典园林确实是浸透了传统哲学的,在游览时注意到这一背景,就会有更深入的体会。到清康熙年间,狮子林的山门、佛殿与后部园林(即元代所建的早期狮子林)分开,西南为寺庙,后面园林不再属于佛寺。以后,狮子林后花园经历过园主考中状元、乾隆帝南巡题诗与仿建于皇家苑囿的荣耀,也曾沦没为荒烟野草、碎瓦残垣。本世纪二十年代,贝氏拥有此园后,因园内旧有指柏轩、问梅阁、卧云室与立雪堂诸胜,就重建新楹,题名不改。但从那时起,也有人不循原义而另找诗句、寻出典故来解释建筑题名。

介绍狮子林的历史,不仅有助于为解释厅堂匾额正本清源,也为分析禅宗与中国园林的相互影响提供了一个详细的例证。

(三)

清乾隆年间,高宗弘历为了督察黄淮河务与浙江海塘工程,同时也为了笼络官员及士人,作了六次南巡。他素爱游山玩水,又喜写诗作画。他在苏州最爱去的名胜是虎丘、天平、华山与邓尉山,游得最多的园林是城外寒山别业与城内狮子林。各处都留下许多"御制诗"与题字。据《南巡盛典》与道光《苏州府志》记载,他从第二次南巡起,每次都要游狮子林。当时倪云林《狮子林图》已入藏清宫,乾隆皇帝早就看到这张图,但还不知道狮子林在吴郡,误以为是倪云林自己的花园。

　　乾隆二十二年（公元1757年）春天，弘历二巡江南到苏州。他派人去北京取来倪云林《狮子林图》，展卷对照观赏狮子林。这次乾隆赐匾"镜智圆照"给狮林寺，又题五言诗《游狮子林》，诗中称自己"早知狮子林"，他在这儿见到了"松挂千年藤，池贮五湖水"与"假山似真山"，觉得狮子林不像在闹市，而"疑其藏幽谷"，似是人间仙境，与"亭台乃一新"的寒山别业相比，狮子林是"未饰乃本然"。

　　五年之后，弘历三巡江南，又二游狮子林。这次，他为狮林寺题额"画禅寺"，留下七律两首，其中

倪云林《狮子林图》局部

《南巡盛典图》之一

之一是在他亲手临摹的《狮子林图》上,"命永藏吴中";另一首《游狮子林得句》,题在倪云林《狮子林图》中右下方空白处,赞狮子林"一树一峰入画意,几湾几曲远尘心"。倪图仍带回北京。

在乾隆三十年(公元1765年)四次南巡时,他又为狮子林题"真趣"匾,命赏给园主黄氏兄弟每人一匹缎子,写下《游狮子林即景杂咏》七绝三首与七律一首。其中一绝句曰"城中佳处是狮林,细雨轻风此首寻。岂不居然闹市里,致生邈尔濮濠心。"在律诗中,他表示很高兴再游狮子林,"每阅倪图辄悦目,重来图里更怡心"。他自认所摹狮子林图不如倪云林的原图,"笑似雷门布鼓音",还在跋言中写下

"殊觉效颦不当"。他自浙江回京途中又小住苏州，第三次去了狮子林，并留七律《再游狮子林》，再次表示"却爱狮林城市间"。这次回京后他用十三万两银子在长春园内仿建狮子林，又用银七万两在避暑山庄再仿建一座狮子林；而且再摹图两份各置其中，原图则收藏于"石渠宝笈"。

乾隆四十五年（公元1780年）五次南巡时，清高宗在《狮子林再叠旧作韵》中写道："山庄御苑虽图貌，黄氏倪家久系心。"意为两处仿建狮子林仅为"图貌"，使他不能忘怀的还是苏州狮子林，因为"略看似矣彼新构，只觉输于此古林"。

四年之后最后一次南巡时，乾隆皇帝见到了徐贲画的十二幅狮子林风景图，这才知道了元代"狮林原佛宇，以讹传讹，遂成倪迂别业，误矣！"他在《游狮子林三叠旧作韵》中还写道："粉本石渠藏手迹，写虽因手运用心。"表明自己在临摹倪图时是用心运手的。这位七十五岁的老人觉得年事已高，"六度南巡之事既藏，亦不再拟命驾矣"。但他又自问："真山古树有如此，胜日芳春可弗寻？"令他遗憾的是因"六度巡止"，只能"他日梦寐游"了。这也从一个侧面反映了以狮子林为代表的苏州园林的魅力。

乾隆一生五游狮子林，并题了三次匾额，留诗十首，摹倪图三幅。乾隆三次南巡之后，在皇家园林里掀起了摹拟江南山水、效法江南园林的高潮。他在圆明园内建安澜园（仿海宁陈园），在长春园内建小有天园（仿杭州汪园）、如园（仿南京瞻园），他最喜爱的是苏州狮子林，就在长春园仿造了一处，也称狮子林，题诗近百首，又亲手临倪瓒《狮子林图》。因他常去避暑山庄，就在那儿再造一座狮子林，其中各建筑题名与长春园狮子林完全一样。这两处皇家狮子林因所处地势关系，布局不尽相同，但都以假山叠石结合池桥亭阁及松树紫藤，再现了苏州狮子林风貌。这样，中国就有了三处狮子林。一座园林被一再仿建，在历史上是罕见的。两处皇家狮子林好似苏州狮子林的化身。可惜，它们后来都遭受外敌与军阀的破坏，今从乾隆御制诗中尚能了解其大概。

北京狮子林位于长春园东北角，就在西洋楼的南面。据记载，苏州织造舒文在乾隆三十六年（公元1771年）四月，奉旨将苏州狮子林房间亭座山石河池全图按五分一尺烫样送京呈御览。至翌年九月，北京狮子林主要景点如纳景堂、清閟阁等已建成，其匾额均由苏州织造制作好，再送到北京悬挂。

乾隆认为，北京狮子林与苏州狮子林相比，是"宛如粉本此重临"，"峰姿池影都无二"，"不可移来惟古树"。他知道苏州狮子林"以石胜"，在北京也令"吴下高手堆塑小景"，虽用北京西山产的青石，倒也"玲珑趣亦不相饶"。因苏州狮子林有小飞虹，此地也建"跨水饮垂虹"的虹桥，且"石桥上置藤萝架"。从《南巡盛典图》可以看到，当时苏州狮子林的紫藤架是在桥上的。在建筑物题名上，仅有佛阁小香幢"是梵家仪"，其余均无佛教意义，这与苏州狮子林这座寺庙园林的禅宗气氛是相异的。因倪瓒号云林，家中有清闷阁，长春园狮子林的两处建筑就题名为"清闷阁"与"云林石室"，清闷阁中保存乾隆第二次临摹的《狮子林图》。横碧轩得名是因其前有"溪水如带横"，乾隆后来在其中藏了一批文房四宝，又名为"四藏书室"。"探真书屋"由"云廊拾级上"，即与爬山廊相连。建园时乾隆正组织编纂《四库全书》，关于探真书屋他写道"四库全书浩渊海"，"虽未得真亦近真"。清淑斋处于"前砌带溪水，后檐展石林"的环境中，仿照苏州园林常当作取景框用的空窗，也是"斋不设窗牖"，以便"旷观惬倚凭"。北京狮子林共计为十六景，颇有规模，遗憾的是已随长春园毁于战火，而后军阀王怀庆又挖取青石去修建他的"达园"，现在遗址上仅剩劫余坍石。清宫建筑档案中，十五张狮子林分样图尚存北京图书馆。

　　承德避暑山庄的狮子林始建于乾隆三十九年（公元1774年），四十三年竣工，在镜湖与银湖之间的清舒山馆前。它的东部是以假山为主题的狮子林，西部是以水池为主景的文园，合称为文园狮子林。其平面图与清代中期苏州狮子林非常相似，占地面积约十亩，与苏州狮子林一样大。这里的假山还是用北方的青石堆成，没有涡洞，不如太湖石玲珑，但有雄壮之气。由磴道至峰顶各亭,可欣赏园内外景色。乾隆认为此处环境优于苏州这个闹市,他写道"城市终输太古山"。水池上有"圆洞卧波上,遥看一月如"的虹桥,桥上"支架随桥曲"的藤架。池边纳景堂也是"虚堂不设窗棂,使因纳景满庭",可以欣赏到"朝暮云容水态,春秋草秀花馨"。在延景楼内可以远看山庄外的罗汉山、僧帽山,又可近听周围瀑布声、鹿鸣声,乾隆觉得"欲傲金阊未有此"。从《南巡盛典图》可以看出,苏州狮子林的假山上有三座小亭,承德狮子林的假山上也有三座小亭。文园狮子林以水池与拱桥建筑再现了江南风格,而且与园外景色融为一体。文园狮子林在清末民初逐渐损坍,到军阀时期更毁为废墟。近年来承德园林局派员踏勘遗址,测绘全图,颇有复建之意。

狮子林在清代中期是苏州园林的代表。皇家园林里广泛采用江南园林中廊、桥、漏窗与苏式彩画,引入堆叠假山的各种流派,并且直接再现江南风景与园林,就大大丰富了北方园林的内容,提高了北方的造园水平。这是我国园林艺术史的重要一章;而北京与承德曾有过的两处狮子林,则是其中的两首绚丽诗篇。

(四)

狮子林向以假山王国著称,给人印象最深的要数指柏轩前的太湖石大假山。按面积来算，其实它只占全部假山面积的三分之一。除了散列在各庭院中的太湖石之外，狮子林的假山可分成四区两小片，四区为大假山、岛上的太湖石假山（简称岛山）、水池西岸的土石山（西山）与南岸的临水太湖石假山（南山）；两小片指花篮厅西南的太湖石假山（小假山）与水池东南角的黄石假山（小赤壁）。

大假山的顶部竖有林立的石笋与太湖石峰，山体由太湖石架空堆叠而成，盘旋曲折的蹬道穿行于峰、岭、谷、洞之间。这种风格可追溯到北魏。据《洛阳伽蓝记》记载，张伦的宅园内有园林山池，假山名景阳山，其中"重岩复岭，嵚崟相属，深蹊洞壑，逦递相接。……崎岖石路，似雍而通，峥嵘涧道，盘纡复直"。童寯在《江南园林志》中引用这段描述后补充说道："景阳宛然今日吴中之狮子林也。"宋徽宗建的艮岳也是"蹬道盘迂萦曲……周环曲折……有蜀道之难"，有山洞数十，又罗列奇石于路旁、水际、山坡之上，石峰按形状命名为坐狮、吐月、叠玉等等。狮子林的大假山，就是此类假山仅存的实物例证。

岛山在湖心岛东岸，北岸与西岸北段连绵不断，北岸的假山宛如临水栈道，岛山的东北角与大假山由太湖石桥相连。岛山中蹬道与大假山相似，但稍简化。岛山可以看成是大假山的延伸与变革。

南岸太湖石假山与岛山的临水栈道有相似之

处，体量更小些，山道同样迂回曲折，仍布置一处低矮山洞，有小桥跨水口之上。从《南巡盛典图》中可看到，当时水池西岸是笔直的驳岸，岸上是平路，已到西墙根；水池南部之东为栏杆，栏杆东为平地。

西山是民国初疏浚水池时挖泥沿墙堆成的，面积约为零点九亩。土山分高低三层，山脚与山道两侧缀以太湖石，可防止雨水冲刷，远望时使人感觉其风格与大假山、小假山、岛山、南山遥遥相应。水池在这些湖石假山包围下，恰似一个喀斯特地貌。

西山的地势北高南低，北端有一个山洞，可由洞内上山或下山，中部有人造瀑布。南部石少土多，坡上植树栽竹，在此颇有"平冈小坂，陵阜陂陁，缀之以石，似处大山之麓，截溪断谷，私此数石为吾有也"之感。

水池东南角的黄石假山号称小赤壁，因其石色为黄偏红。小赤壁的拱形涵洞犹如天然，颇受行家称赞。在黄石假山的包围下，这部分水池似小型山池。

狮子林中假山约占全园面积的五分之一，远大于一般园林。叠山材料有黄石，有湖石；假山种类有全石假山，有土石相间假山；假山的形态有石壁，有山洞，有临水栈道，有石桥。不像一般私家园林里只有仅供观赏的小型假山，或仅有少量蹬道、山洞供攀登穿越。城市山林是狮子林的主要艺术特色，在许多人心目中，狮子林成为古典风格假山的代名词。

如果说狮子林的东部园景以大假山为中心，那么西部的园景则是围绕着水池而布置的。西部有一半面积是水，整个水体又由亭、桥、岛、石壁划分为四个部分。

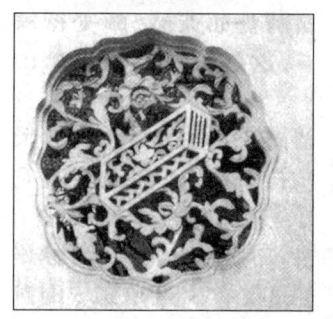

"琴棋书画"漏窗

北部湖面是水体的主要部分，以面积计约占水池的三分之二，东西间相当开阔。在北岸由真趣亭或石舫平台向南看，只见波光岛影，且水面被九曲桥、湖心亭与石拱桥分成三个层次，因逆光眺望，空气透视效果显著，尤其在细雨轻雾下愈显深远。北部驳岸

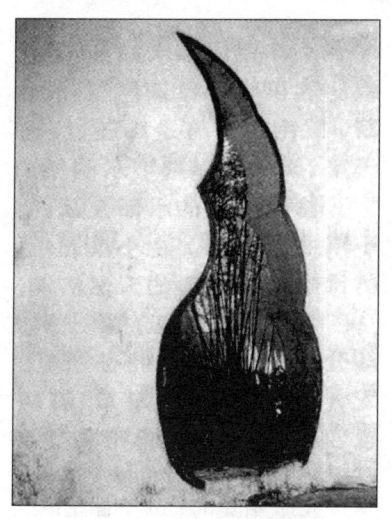

葫芦门

有跳板通向石舫，自北岸看石船，嫌其体量偏大，但自西岸或九曲桥回首北望，这段池岸似运河边游船码头，又是一番景象。西岸曲折多变，有石矶有水口，人工瀑布由山涧五叠而下，潺潺流水注入湖中，增添了生气。水面周围的亭台楼阁隐现假山树林间，似在风景胜地。

拱桥以南水面东西长，南北窄，北岸是湖心岛，南岸是临水的湖石假山，似为一段山间河流，由小赤壁下水谷崖洞流来，在这里转弯向北，从拱桥桥洞流出。

小赤壁以东水面如小型山池,周围叠石错落有致。这里与外界景色隔开,比较封闭但又不完全隔断,除南墙下有走廊通过,似有山涧水由修竹阁下流来,又从小赤壁下水洞流出。

修竹阁北的水面在东西假山的夹峙下,似山间小溪曲折幽深。在小溪北端,由太湖石叠成的拱桥仿佛喀斯特地形的天然溶洞。

总的来说,虽然狮子林的水面面积不到两亩,却分成主次清楚、特征明显的湖河池溪四部分,再配合桥、亭、水阁、瀑布、石船,以及池岸的崖壁、散礁、石矶、水洞,水体形态完备,相关景观丰富,从中可见造园家高超的理水手法。

元末始建时,狮子林里既无梵宫琳宇,也无奇花异草,园内万竹阴阴,老梅一棵,虬柏数本,梅柏被惟则当作禅宗公案的物质载体。清代初期起,狮子林假山上植有长松五棵。假山水池面积较大,留给花木的地方相对较少。贝氏重建狮子林时,不仅继承了历史的山水格局,在花木方面也仍以柏、竹、松、梅为主调,松梅均为补植。同时在各庭院里设置花坛,栽植石榴、樱花、牡丹等,又挖池植荷,立架供紫藤攀援,为园林增色添彩。另一方面还不定期举办花会,如抗战前的兰花会,新中国成立后的菊花展览会等。在画家王西野倡议下,从1988年起,每年春节期间都举办水仙花会,陈列在各厅堂里的各色水仙素雅清香,在严冬中为人们带来盎然生机。三月四月,玉兰樱花绽放枝头;五月六月,牡丹山茶相继吐艳;七月八月,紫藤浓荫,芙蓉出水。秋季桂花飘香,冬季腊梅傲雪,各种花卉交替相映,假山王国同时也成为五彩缤纷的花园。

从建筑形式来看,狮子林内有陈设华美、家具富丽的大型厅堂,又有小型厅堂、中型厅堂与各种造型的亭子。各处门洞、漏洞、空窗起到框景、漏景的作用。

东部是厅堂、廊屋与墙垣围成的几处较为封闭的中小庭院,指柏轩周围是大型开敞庭院,逆光南望,大假山立体感更强。由此向西,古五松园是处在三个庭院中的花厅。花篮厅内木刻精美,真趣厅按皇家风范装饰,均有各自特色。

西山以问梅阁为主景,辅以两座小亭,南山以长廊连接扇亭与两座书碑亭,经复廊或去修竹阁,或往立雪堂。

全园除湖心亭、卧云室外,各厅堂楼阁均由走廊相连。整个花园的外墙周长约三百五十米,园内全部走廊却长达六百二十米。其中避弄、檐廊共占一半,游廊占一半。西山上由暗香疏影楼至扇亭的走廊长七十五米,南山上由扇亭至立雪堂的走廊也有七十米。走廊不仅能为游人防晒遮雨,也起了连接建筑、分隔空间的作用,特别是西山与南山上的长廊,阻挡了园外的民居和厂房。《园冶》上说"俗则屏之",不如此隔离,现代建筑与城市生活的嘈杂喧闹就会侵入游人视野。长廊及其所连接的建筑,构成一道高低起伏的风景线,令游人叹为观止。

　　扇亭、修竹阁、卧云室的造型及安排都颇具匠心。乾隆年间,假山上有小亭两座,现还可见亭基,岛上原有碑亭,现为一片草地,贝氏均未予以重建,为拥挤的假山与湖心岛留下了珍贵的空间。

　　园中多处以太湖石作台阶,符合明代造园理论专著《长物志》的说法。走廊曲折处让出空间,又在夹弄中植青竹、栽芭蕉,细微之处可见匠心。

　　狮子林的范围不大,却容纳了如此多姿多彩的景观,园林艺术在这个空间中好比是一首精心演奏

回廊

的交响乐。

门厅、祠堂是这首乐曲的标题。游人进入走廊，顿觉一暗，穿过两道洞门又觉豁然开朗。欣赏粉墙前的花坛石笋与华美的燕誉堂，穿过小型庭院来到朴素的小方厅，西边空窗透露些许园景，向北见到的九狮峰还只是假山王国的预告。比起《红楼梦》中大观园仅用一座假山为入园处障景，这一段游园序曲跌宕起伏，节奏要丰富得多。

在指柏轩前稍立片刻，随即进入大假山，游园的第一乐章在此逐步展开，在假山中盘旋上下，是此乐章高潮中的华彩乐段。

游人到古五松园、花篮厅，心情相对平稳轻松，在真趣厅中谈论乾隆轶闻，恰似活泼的小快板。眼前的波光岛影则是长段优美旋律。湖心亭观瀑、飞瀑亭听涛是两段扣人心弦的打击乐。山是本曲的第一主题，水则是第二主题。在第二乐章中这两个主题交织一起，并行奏出。

自双香仙馆后走廊起，是平缓的慢板。对于爱好书法与古典文学的游人，一路观看书条石使他们心旷神怡。其他游人或许对书条石漫不经心，但对文天祥诗碑不免肃然起敬，乾隆诗碑亦会引起人们的好奇，这是慢板中两段小高潮。缓步徐行并回首北望，山与水这两个主题继续反复展现。在修竹阁处的一小段轻松旋律后，穿行复廊好似乐章之间的暂歇，每个窗口是打破暂歇的一串音符。

立雪堂及其庭院则是最后的乐章。湖石堆成拟态的动物组成"牛吃蟹",与贝氏家族有关的三足金蟾、石狮,则是狮子林这个标题的再现。如果说"建筑是凝固的音乐",那么在狮子林里游览,就是在欣赏重山复水与厅堂廊院构成的交响乐。

在狮子林中,构成中国古典园林的四类物质要素(山、水、花木与建筑),按照取法自然、追求意境的布局原则,把狮子林编织成景区分明、变化多端的城市山林。尽管在少数建筑上用了水泥、彩色玻璃这些近代建材,但建筑形式仍是传统的,构园要素与布局原则也是古典的,而且它又承载着丰富的历史文化,因此,狮子林仍属古典园林之列。狮子林中的山水是苏州园林中最古老的,因此狮子林是苏州明清造园史上高潮开始的标志;狮子林中的建筑又是古典园林中最年轻的,因此狮子林又是古典园林终结的象征。明清时造园高潮的开端与终结共处于一园之中,这就是奇特的狮子林。

附 录

师子林记

[元] 危 素

师子林者,天如禅师之隐处也。师既得法于天目山中明本禅师,退藏于松江九峰者,十有余年。吴门之问学于师者,买地于郡城娄齐二门之间,实故宋名宦之别业,林木翳密,盛夏如秋,虽处繁会,不异林壑,遂筑室奉师居之。

屋虽不多,而佛祠、僧榻、斋堂、宾位,萦回曲深,规制具备。林中坡陀而高,石峰离立。峰之奇怪而居中最高者状类师子,其布列于两旁者,曰含辉,曰吐月,曰立玉,曰昂霄。其余乱石磊块,或起或伏,亦若狻猊然,故名之曰师子林。且谓天目有岩号师子,是以识其本云。立玉峰之前故有栖凤亭,容石蹬,可坐六七人,遗基在焉。驾石梁绝涧,名小飞虹,昔人刻字尚存。修竹万个绕其三面。高昌石岩公为书菩提兰若榜其门,简斋公题其燕居之室曰卧云,传法之堂曰立雪,庭有柏曰腾蛟,梅曰卧龙,皆故所名;今有指柏之轩,问梅之阁,盖取马祖、赵州机缘以示其采学。曰冰壶之井、玉鉴之池,则以水喻其法性云。师子峰后结茅为方丈,扁其楣曰禅窝,下设禅座,上安七佛像,间列八镜,镜像互摄,以显凡圣交参,使观者有所警悟也。

师名惟则,庐陵之永新谭氏世家。初阅雪岩钦禅师禅铭,感其言之勇猛精进,厉志求学。海印如禅师道过永新，问答有契；时师年才二七余，如禅师大奇之。其后，乃师事本禅师最久，付授之外，深造远诣莫可涯浅。本禅师尝嘱师发明《楞严》之旨，因参酌诸家异同，为《会解》行于世。吴楚之名刹多欲屈师主之，而师坚卧不应。四方之为学者奔走其门，皆虚往而实还，师之为教阙。

游狮子林
[清] 黄金台

有境焉，秀夺天巧，奇争鬼工。险凿五丁，雄驱六甲。割将鹫岭，分得龙湫。侧走雷霆，倒垂菡萏。寒蛟跃出，日光不红。孤鹤归来，云气尽绿。烟青朝吐，月白夜吞。到溉奇礓，逊其布置。苏公雪浪，无此玲珑。则吴门狮子林是也。

庚子之春，余客吴下。鹤市七里，虎丘一峰，天平之巅，支硎之麓，亦既风光入眼，烟景娱神。而独恋恋于狮子林区区之地者，何哉？

犹忆初入门时，但见高不十寻，广非百亩，双冈对峙，一览无余，以为无甚奇观也。岂知渐进渐幻，愈入愈佳。勇士植竿，猛若赴敌；靓女照镜，艳乃无言；空青塞扉，浓紫满坞；松抱石罅，老而生髯；苔铺砌坳，细皆似发；曲池波涨，鱼跳桥心；深谷风塞，雀堕亭角。百磴雁列，一径蛇蟠；步步高低，层层凹凸。教猱升木,昂头可呼;以蚁穿珠,捷足先得。将登复下,兔窟藏踪;欲往仍还,螺纹旋掌。蜂腰几折,径讶崎岖;驼腹频摩,洞偏空旷。深抵龙穴,恐埋地中;仰攀鸟巢,别出天外。犬牙互错,蜢腿交撑。在后在前,交臂忽失;或左或右,拍肩又逢。危栈千盘,老马犹怯;怪峰九屈,神狐亦迷。真觉海上三山,近悬眉睫;人间五岳,收入心胸矣。

或谓石以狮名,于义何取?盖狮者势能搏象,气可怖熊,威慑南蛮,雄传西域。而兹林也,卷毛舚舌,钩爪锯牙。夕阳坠黄,英姿兀傲;午夜昏黑,猛态狰狞。翩翩仙灵,骑来蝴蝶;咄咄怪事,琢就狻猊。缅怀迂倪,千秋绝技;愿学颠米,再拜不遑而已。

师子林即景十四首
[元]惟 则

万竿绿玉绕禅房,头角森森笋稚长;
坐起自携藤七尺,穿林络绎似巡堂。

素壁光摇眼倍明,隔帘风树弄新晴;
树根蛙鼓鸣残雨,恍惚南山水乐声。

相君来扣少林宗,官纵盈门隘不通;
散入凤亭竹深处,石林分坐绕飞虹。

乌鹊争巢似愤兵，怒鸣死斗乱纵横；
可怜蹈坏桫椤树，满地落花无路行。

道人肩水灌畦蔬，托钵船归粟有余；
饱饭禅和无一事，绕池分食馁游鱼。

西邻母鹤唳无休，鹤意吾知为主忧；
养得鹤成骑鹤去，扬州未必胜苏州。

蛙儿深夜诵莲花，月度墙西桧影斜；
经罢辘轳声忽动，汲泉自试雨前茶。

林下禅关尽日开，放人来看卧龙梅；
山童莫厌门庭闹，不是爱闲人不来。

斜梅势压石栏干，花似垂头照影看；
白昼云阴天欲雪，半池星斗逼人寒。

雪深三尺闭紫荆，岁晚无心打葛藤；
立雪堂前人不见，秀云峰似白头僧。

指柏轩中六七僧，坐忘忽怪异香尘；
推窗日色暖如火，檐葡花开雪一棚。

卧云室冷睡魔醒，残漏声声促五更；

一梦又如过一世,东方日出是来生。

鸟啼花落屋西东,柏子烟青芋火红;
人道我居城市里,我疑身在万山中。

半檐落日晒寒衣,一钵香羹野蕨肥;
春雨春烟二三子,水西原上种松归。

师子林十二咏序
[明]高 启

师子林吴城东兰若也。其规制特小,而号为幽胜,清池流其前,崇丘峙其后,怪石崒嵂而罗立,美竹阴森而交翳,闲轩净室,可息可游,至者皆栖迟忘归,如在岩谷,不知去尘境之密迩也。好事者取其胜概十二,赋诗咏之,名人韵士,属有继作,住山因公,裒而为卷,冠以睢阳朱泽民旧有所绘图,而请余序焉。夫吴之佛庐最盛,丛林招提据城郭之要坊,占山水之灵壤者数十百区,灵台杰阁,甍栋相摩,而钟梵之音相闻也。其宏壮严丽,岂师子林可拟哉。然兵燹之余,皆委废于蓁芜,扃闭于风雨,过者为之踌躇而凄怆。而师子林泉益清,竹益茂,屋宇益完,人之来游而记咏者益众,夫岂偶然哉。盖创以天如则公愿力之深,继以卓峰立公承守之谨,迨今因公以高昌宦族，弃膏粱而就空寂，又能保持而修举之，故经变而不坠也。由是观之，则凡天下之事，虽废兴有时，亦岂不系于人哉？余久为世驱，身心攫攘，莫知所以自释，闲访因公于林下，周览丘麓，复以十二咏者讽之，觉脱然有得，如病暍人入清凉之境，顿失所苦，乃知清泉白石，悉解谈禅，细语粗言，皆堪入悟。因公所以葺理之勤，而集录之备者，盖为是也。不然则饰耳目之观，赏词华之美，皆虚幻事，岂学道者所取哉？是则来游而有得者，固不得不咏，因公亦不得不编，既编，则余又不得而不序也。洪武五年秋七月勃海高启序。

十二咏姓氏

高启季迪，张适子宜。

王行止仲，谢徽玄懿。

申屠衡仲权，张简仲简。

陶琛彦行，释道衍斯道。

师子峰

风生百兽低，欲吼空山夜。

疑是天目岩，飞来此林下。（启）

势雄欺百兽，危坐学僧趺。

纵有山相应，猕猴不敢呼。（适）

狞面兽中尊，奇峰比最真。

只堪负莲座，稳载法王身。（行）

特立众峰表，岿然众教同。

山深虎豹伏，未敢与争雄。（徽）

势雄石狻猊,飞来自天竺。
旁睨群峰小,尽作虎豹伏。(衡)
石发乱金毛,嶙峋舞林薮。
若以声相求,顽矿亦能吼。(简)
猛恃势何雄,孤蹲脊还瘦。
远人悟性时,疑闻月中吼。(琛)
踞地似扬威,昂霄浑欲吼。
猛虎见还猜,妖狐宁敢走。(衍)

　　　　含晖峰
演漾弄清晖,江山秋敛霏。
我吟康乐句,日暮淡忘归。
特起云成朵,高明玉有辉。
奇峰映初旭,霁色舞萝衣。
西曛夕尚明,东旭朝光赤。
为比众峰高,光景常多得。
禅境妙自入,危峰秀独成。
山光与水色,日夕有余清。
前生佛图澄,石身立不坏。
至今腹旁孔,将晓出光怪。
朝旭射峰顶,嵌空结霞光。
石角露初泫,草木皆生香。
近晨含景光,初日射林莽。
玩之谈娱人,不异西山爽。
林端敛夕霏,泉石阒清景。
澹然娱人心,相看忘日永。

吐月峰

四更栖鸟惊，山白初上月。
起开东阁看，正在云峰缺。
石势郁岖敛，苔花碧更深。
峰头明月起，清风逼丛林。
昨吐月不阙，今吐遽非圆。
圆缺看多少，孤峰只宛然。
山中学佛人，见月即长拜。
还将一片影，散入大千界。
亭亭青芙蓉，摇漾金波影。
林下定僧居，静闻栖雅警。
半夜月初出，岩光互吞吐。
疑是玉蟾蜍，起立作人舞。
明月出峰顶，秋清夜方半。
娟娟玉桂枝，影与芙蓉乱。
空山无宿云，月起当残夜。
渐出一峰间，分光到林下。

小飞虹

初看卧波影，应恐雨崇朝。
过涧寻师去，端如渡石桥。
飞石跨西东，分明小飞虹。
林间初雨过，花落乱流中。
古涧泻寒清，飞梁压水平。
夕阳疏雨过，留得彩蜺横。
飞梁跨通渚，虹影未全消。

谁识曹溪后,千年有断桥。
渴虹饮不足,连蜷渐僵缩。
我来蹑其背,下瞰无底谷。
渴虹春饮涧,嘘气作飞梁。
中有天台路,空岩流水香。
渴饮垂虹涧,云断横波影。
背滑一朝霜,经过履须整。
不雨自横空,低垂疑饮涧。
樵子过还惊,神僧渡应惯。

禅　窝

结茆葺床跌,风雨不可坏。
谁言寻丈宽,能容大千界。
虚空木无所,学道有栖场。
面壁知何事,山云共一床。
茆龛孤坐处,为究上乘禅。
弹指应堪悟,何须更九年。
阴壑寒独门,空山乡已沈。
白云无路入,禅向定中深。
九年不下床,一锡长挂壁。
小蛇入我袖,应被雷公击。
草窝双树下,借与定僧居。
会得虚空境,坐卧总从渠。
菁茆葺成宇,白云拥为户。
是中有定僧,默坐自朝暮。
肩镣总忘机,魔外自难入。

虚圆日夜明,一尘元不立。

竹谷旧名栖凤亭

翠雨落经床,林鸠午鸣后。
笋出恐来人,编篱遮谷口。
万个竹修修,风生满谷秋。
自今防俗客,节下刻曾游。
深谷翳修篁,苍飚洒碧霜。
曾来参玉版,风味胜筼筜。
虚谷万琅玕,禅林六月寒。
直将心与节,共作有无看。
阴森生昼寒,仰不睹天日。
时从绿云中,窥见一星出。
何处风声起,萧骚竹万杆。
冲融春满谷,毛发亦生寒。
绿雾湿濛濛,纷披路不通。
秋声昨夜来,无处着西风。
万竹云朝合,孤亭月夜明。
凤来缘览德,非为玉箫声。

立雪堂

堂前参未退,立到雪深时。
一夜山中冷,无人只自知。
堂上立多时,堂前雪不知。
出门天地白,一笑是春熙。
独坐暮庭中,齐腰雪几重。
不因逢酷冷,那解识严冬。

山中夜访师,雪屋定回迟。
立尽堂前晓,还同未雪时。
心精不知寒,一夜雪没膝。
自非真法器,孰能免僵立。
本来非祖意,漫尔一相撩。
若在言前悟,应无雪没腰。
升堂独立时,一言悟未澈。
皓皓雪齐腰,凄凄夜寒切。
兀尘夜迢迢,松堂篆霭销。
安心了无法,徒受雪齐腰。

卧云室

夕卧白云合,朝起白云开。
惟有心长在,不随云去来。
榻前轻冉冉,衾上湿溟溟。
共作无心梦,山禽唤不醒。
入窗才一缕,满室便氤然。
任彼频舒卷,山僧自稳眠。
朝卧白云东,暮卧白云西。
白云长共我,此地结幽栖。
童子爱白云,闭置密室内。
不如放令出,去住得自在。
虚室常参罢,身与白云间。
且作舒足卧,风来自掩关。
白云从何来,入我窗户里。
舒足卧氤氲,春禽呼不起。

夜静起山深,随风舒片影。
漠漠覆柴床,独卧衣裳冷。

指柏轩

清阴护燕几,中有忘言客。
人来问不应,笑指庭前柏。
亭亭轩下柏,无意解西来。
老衲应相示,枯枝花尽开。
古柏昼阴阴,当轩岁月深。
山僧长笑指,应解识禅心。
太空本无语,似与道人同。
欲识西来意,凭阑指顾中。
冰霜两百年,老骨耐掌住。
欲知僧腊高,即是阶前树。
有问无言答,直指破诸妄。
此柏佛性全,天寒神自王。
青青柏树枝,累累柏树子。
此意已自知,如待分明指。
苍苍庭前柏,明明西来意。
禅翁指示人,又在第二义。

问梅阁

问春何处来,春来还几许。
月坠花不言,幽禽自相语。
阳回知几许,问讯腊花前。
月白无言答,如参不二禅。
阁中人独坐,阁外梅已开。

春讯可须问,清香自报来。
月移禅榻影,枝上翠禽翻。
试问春多少,花应笑不言。
石阑护苔枝,相对黄昏月。
问答本无言,翠禽强饶食。
春向何处去,复从何处来。
特此去来意,一问阁前梅。
梅边叩芳讯,相看似旧识。
独立到黄昏,惟应待消息。
雪中疏蕊开,不知暗香发。
幽人试问时,正值黄昏月。

玉鉴池

一镜寒光定,微风吹不波。
更除荷芰影,放取月明多。
凿池松竹里,小与野泉通。
风静游鱼息,青天落镜中。
方池开玉鉴,炯炯湛虚明。
瘦影何烦照,心源已共清。
天光落空明,上下涵一镜。
微波时动摇,风止当自定。
何方僧卓锡,池上玉泉走。
不有止定功,安能见吾后。
微波色清荧,炯然可照瞻。
幸得同虚明,宁留一尘黯。
非假琢磨功,泓澄似鉴同。

朝来莲叶尽,波动觉秋风。

冰壶井

圆瓮夏生冰,光涵数星冷。
窗有定中僧,休牵辘轳绠。
银床梧影合,玉甃藓花侵。
汲得冰壶水,相如渴正深。
一泓澄碧甃,寒沁玉壶清。
里茗曾兹试,虚闻石井名。
银床一叶下,影动辘轳秋。
欲识定中趣,湛然尘不留。
冰花覆银床,云液沁瑶甃。
一勺甘露浆,入口不敢漱。
古井一杯水,清似玉壶冰。
辘轳转修绠,应来盥頞僧。
玉泉百尺深,古甃涵光冷。
何以鉴虚明,参差辘轳影。
疏凿傍云根,虚寒深百尺。
时汲煮春芽,为待参立客。

和高季迪师子林池上观鱼
[明] 徐 贲

微微林景凉,悄悄池鱼出。
欲去戏仍恋,乍探惊还逸。

行循曲岛幽,聚傍新荷密。
不有濠梁兴,谁能坐终日。

师子林三十韵
[明]道 衍

上士栖禅地,精蓝故有名。
胜逾林屋洞,奇冠阊闾城。
岌岌诸峰秀,青青万竹荣。
室同图藻丽,地等布金平。
刹顶灵光集,幢阴瑞霭萦。
梁飞晴蝀见,矿蹋恕貌狞。
近悦罙筼拥,遥怜睥睨横。
桂临经阁暝,蕉傍佛龛清。
井瓷水壶净,池开玉鉴明。
钵拘龙伏卧,亭接凤来鸣。
昙葶还殊菊,频伽讵类莺。
庭梅新着弹,轩柏老垂缨。
槲叶饮螺翠,榴英妒蜀颃。
露晨知蕙吐,月午觉葵倾。
涧馥藁生荔,渠阴树列桎。
药栏蜂恣绕,藓砌蚁艰征。
风籁泠双经,天花雨两楹。
炊香驯鸽恋,屟响睡庞警。

日下旛交影，云深磐一声。
兰灯长际晓，莲漏不违更。
暖触松炀灶，清喧茗沸铛。
篆烟重翳怳，镜月独悬甍。
僧出斋房净，童归化器盈。
蝉号隋梵奏，鹤舞逐经行。
暮境人廑过，忘形客倦迎。
参时机较密，定处步宜轻。
疎阔缘方绝，孤高道始成。
远闲思结社，潜醉愿投盟。
要适林中趣，应存物外情。
会须来扫不，冥坐学无生。

壬午上巳师子林修禊分韵得崇字

[清]潘 耒

夙心慕奇胜，万里探孤筇。
宁知岩壑趣，近在高城中。
师林古名迹，篇咏传群公。
亭台屡兴废，水石何清雄。
一地裂数园，缔构争人工。
天巧落畸士，屋角藏千峰。
峰峰尽皱瘦，穴穴皆嵌空。
长袖舞轩举，介圭植端崇。

离离笋解箨,猎猎旗翻风。
危崖屡侧废,窈洞时旁通。
如行武夷曲,如入黄山谼。
山游每独往,快此多朋从。
佳辰值元巳,地主得仲容。
英彦毕来集,参差类宾鸿。
或缰缃素帙,或抚蚴蟉松。
清言接亹亹,雅咏闻渢渢。
而我独矫步,穷披石玲珑。
唐臣甲乙品,宋帝名爵封。
荣华一转眼,飘落荆榛丛。
让此万玉骨,安栖匠门东。
文士餐秀色,逸民讨幽踪。
吾衰思卧游,绘山响丝桐。
何如一丘壑,攒簇华兴嵩。
小山善招隐,桂白兼梨红。
愿偕北郭友,数访青狮翁。

游狮子林得句

[清]弘 历

一树一峰入画意,几湾几曲远尘心。
法王善吼应如是,居士高踪宛可寻。
谁谓今时非昔日,端知城市有山林。

松风阁听松风谡,绝胜满街丝管音。

摹倪瓒狮子林图并题以句
[清]弘 历

狮子林称芳故吴,倪迂旧迹不宜无。
石渠妙品难虚彼,竹院清娱漫仿吾。
虽亦循门得蹊径,真成依样画葫芦。
装池付奔留佳话,惜墨闲情或可夫。

游狮子林即景杂咏
[清]弘 历

城中佳处是狮林,细雨轻风此首寻。
岂不居然坊市里,致生邈尔濮濠心。

真树盖将千岁计,假山曾不倍寻高。
云林大隐留芳躅,谁复轻言作者劳。

画谱从来倪与黄,楚弓楚得定何妨。
庭前一片澄明水,曾照伊人此沐芳。

狮子林叠旧作韵
[清]弘 历

每阅倪图辄悦目,重来图里更怡心。
曰溪曰壑皆臻趣,若径若庭宛识寻。
足貌伊人惟怪石,藉如古意是乔林。
何堪摹卷当前展,笑似雷门布鼓音。

再游狮子林
[清]弘 历

本拟行宫一日间,念民瞻就策天闲。
宁论龙井烟霞表,却爱狮林城市间。
古树春来亦芳树,假山岁久似真山。
小停适可言旋耳,寓意非因畅陟攀。

狮子林再叠旧作韵
[清]弘 历

山庄御苑虽图貌,黄氏倪家久系心。
恰似金阊重跸驻,可忘清閟一言寻。
略看似矣彼新构,只觉输于此古林。
壬午摹成长卷在,展听松竹答清意。

游狮子林三叠旧作韵
[清]弘 历

粉本石渠藏手迹,写虽因手运因心。
真山古树有如此,胜日芳春可弗寻?
然岂耽哉斯洒洒,所堪嘉者彼林林。
出游图便民瞻就,宁为夹途丝管音?

题文园狮子林十六景有序甲午
[清]弘 历

向爱倪瓒《狮子林图》,南巡时携卷再至其地摹迹题诗。昨于长春园东北隙地规仿为之,即仍狮林之名。初得景八,续得景亦如之,皆系以句。然其亭台峰沼,但能同吴中之狮子林,而不能尽同迂翁之《狮子林图》。兹于避暑山庄清舒山馆之前,度地复规仿之,其景一如狮园之,名则又同御园之狮子林,而非吴中之狮子林。且塞苑山水天然,因其势以位置,并有非御园所能同者。若一经数典则仍不外云林数尺卷中,所谓言同不可,何况云异?知此则二亦非多,一亦非少,不必更存分别。见懒道人"画禅三昧"或当如是耳。既落成,名之曰文园,仍随景纪以诗。或有以同、不同?为叩者,惟举倪迂画卷示之。

狮子林

倪氏狮林存茂苑,传真小筑御湖滨。
既成一矣因成二,了是合兮不是分。
爱此原看鸥命侣,胜他还有鹿游群。
水称武列山雄塞,宜著溪园济以文。

虹 桥

一再仿涉园,虹桥驾波起。
若论武夷曲,在此不在彼。

假 山

塞外富真山,何来斯有假。
物必有对待,斯亦宁可舍。
窈窕致径曲,刻峭成峰雅。
倪乎抑黄乎,妙处都与写。
若颜西岭言,似兹秀者寡。

纳景堂

面临清浅背屃颜,廊落虚堂静且闲。
景纳四时无尽藏,我来每爱夏秋间。

清閟阁

吴工堆塑图,名画了非殊。
有一宁无二,仿燕仍忆苏。
究安能閟彼,欣雅足清吾。
欲问云林子,可知塞外乎。

藤 架

藤架石桥上,中矩随曲折。
两岸植其根,延蔓相连缀。

施松彼竖上，缘木斯横列。
竖穷与横遍，颇具梵经说。
漫嫌过花时，花意岂终绝。

磴　道
砌石碪碍跻攀，羊肠萦绕云关。
莫笑小许胜大，峭茜颇傲寒山。

占峰亭
寒山雄浑其固然，峰岭恒将互数里。
倪家结撰本江南，小景一伏旋一起。
是惟假山乃得之，叠石仿为遂有此。
侧峰上覆一笠亭，玉冠棲霞颇可拟。
亭占峰乎峰占亭，炙毂之辩将穷矣。

清淑斋
春光艳觉秋光飒，林有阴还砌有蕤。
若论园亭清淑景，吾云当属夏为宜。

小香幢
狮林实梵宗，善吼度群品。
香幢作清供，迂翁佞佛甚。
缀景效其为，匪图福田稔。
人情以为田，吾方事勤恁。

探真书屋
书屋据横岭，迥然清绝尘。
倪子既非主，黄氏原为宾。
借问研精者，谁诚得其真。

延景楼

万石丛间觅进步,壶中小楼欣始遇。
因塞得通景不凡,理境文津胥可悟。
可悟其妙未可言,天倪道筅契性存。
林枝扶壁态冏砢,瀑水落涧声潺湲。
潺湲入池清且泚,佳丽四围一镜里。
忽闻隔嶂鹿呦呦,欲傲金闾未有此。

画 舫

武陵何必舍溪头,烟屿云崖漾以周。
不实舫中收古画,却因舫在画中游。

云林石室

石为云复石为林,十笏石室云林心。
四家为首昔由昔,千秋一瞬今非今。
忽然榘几铺藤纸,又似田盘点笔吟。

横碧轩

碧鲜横一带,近远乃相殊。
近水波清澈,远山林翠铺。
坐来参合相,望去讶分图。
却忆嘱因语,王蒙有是乎。

水 门

石墙洞跨溪清,门扇不置五明。
画舫随出随入,镜月疑半疑盈。
即此探奇问景,亦堪悦目怡情。
忽尔中心忸怩,似忘无逸篇名。

狮子林景点示意图

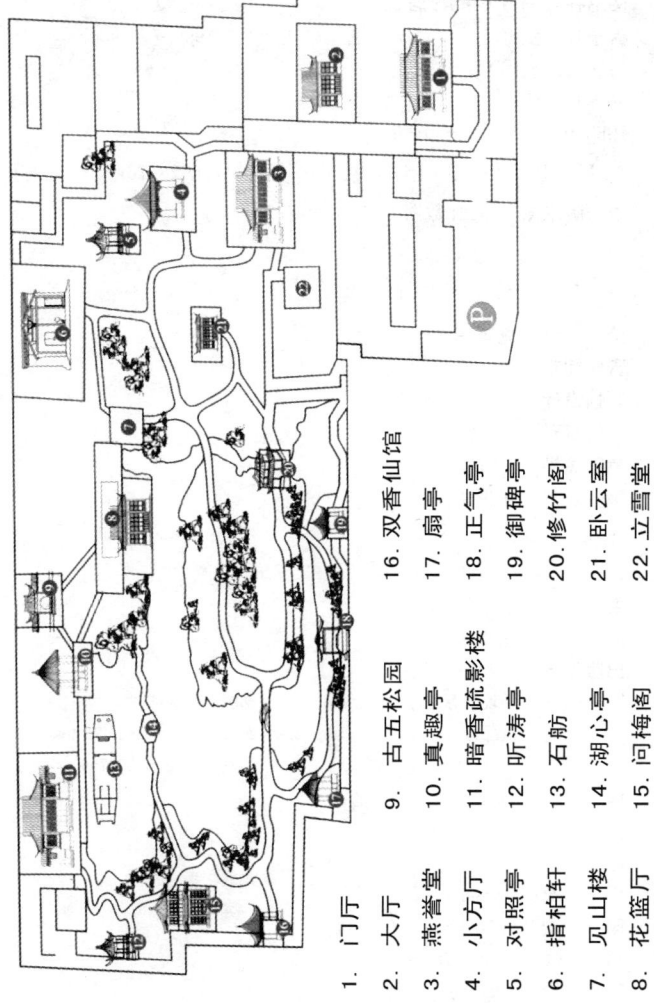

1. 门厅
2. 大厅
3. 燕誉堂
4. 小方厅
5. 对照亭
6. 指柏轩
7. 见山楼
8. 花篮厅
9. 古五松园
10. 真趣亭
11. 暗香疏影楼
12. 听涛亭
13. 石舫
14. 湖心亭
15. 问梅阁
16. 双香仙馆
17. 扇亭
18. 正气亭
19. 御碑亭
20. 修竹阁
21. 卧云室
22. 立雪堂

图书在版编目(CIP)数据

狮子林 / 张橙华著. —苏州：古吴轩出版社，1998.7
（2010.8重印）
（苏州文库）
ISBN 978-7-80574-361-5

Ⅰ.狮… Ⅱ.张… Ⅲ.园林，狮子林-概况 Ⅳ.K928.73

中国版本图书馆CIP数据核字(2000)第27294号

策　　划：	施曙华
责任编辑：	洪　芳
装帧设计：	周　晨
责任校对：	张　蕾
责任照排：	王盼印
摄　　影：	张橙华

书　　名：	狮子林
编　　者：	张橙华
出版发行：	古吴轩出版社
	地址：苏州市十梓街458号　　邮编：215006
	Http://www.guwuxuancbs.com　　E-mail: gwxcbs@126.com
	电话：0512-65233679　　传真：0512-65220750
印　　刷：	苏州日报印刷中心
开　　本：	787×960　1/32
印　　张：	5
版　　次：	1998年7月第1版
印　　次：	2010年8月第4次印刷
书　　号：	ISBN 978-7-80574-361-5
定　　价：	10.00元